NOS

GRANDES FRANÇAISES

CORBEIL. — IMPRIMERIE ÉD. CRÉTÉ.

PIERRE BONNEFONT

NOS GRANDES FRANÇAISES

ROSA BONHEUR	DE FERNIG	DE SÉVIGNÉ
PAPE-CARPANTIER	DE STAËL	RÉCAMIER
CAMPAN	VIGÉE-LEBRUN	LAURIN
DESBORDES-VALMORE	THÉRÈSE JOURDAN	DE LA FAYETTE
DIEULAFOY	DE RÉMUSAT	DE RAMBOUILLET
JULIETTE DODU	DE MAINTENON	DE MOTTEVILLE
ÉLISA LEMONNIER	Mlle NICOLE	GEOFFRIN
SOPHIE GERMAIN	JEANNE HACHETTE	COTTIN
Ctesse DE LARIBOISIÈRE	JEANNE D'ARC	DE PASTORET
GENEVIÈVE PRÉMOY	DE GIRARDIN	GUIZOT
DACIER	GEORGE SAND	
BOUCICAUT	DE SCUDÉRI	

PARIS
GEDALGE, LIBRAIRE-ÉDITEUR
75, RUE DES SAINTS-PÈRES, 75

PRÉFACE

Molière admettait avec peine que la femme se plaçât en évidence par des talents nés d'aptitudes spéciales et cultivés par des études régulières. En quelques vers il a résumé, sans trop forcer la note, l'opinion que ses contemporains avaient sur les femmes artistes. Il disait :

..... Qu'une femme en sait toujours assez,
Quand la capacité de son esprit se hausse
A connaître un pourpoint d'avec un haut-de-chausse.

Cependant, aujourd'hui, on ne pense plus de même et le libéralisme nous a, pour la plupart, débarrassés de ces vieux préjugés, — restes de la féodalité, — qui assignaient à la femme le rôle de servante, d'esclave même de l'homme. Comme les nègres, comme les roturiers, elle est émancipée, et son esprit, libre d'entraves, prend son essor dans les différentes carrières où jadis le sexe fort avait seul accès.

Si l'antiquité et le moyen âge ont produit des femmes que leur courage a illustrées, l'époque contemporaine nous fournit de nombreux exemples de l'intelligence et du génie de la femme, développés par l'instruction. Maintenant, dans toutes les professions, la femme est la rivale de l'homme et souvent elle le surpasse.

La préparation du pot-au-feu et le raccommodage des chaussettes sont, certainement des occupations essentiellement féminines, mais le domaine de nos compagnes ne doit pas être circonscrit entre ces deux pôles importants. Il est, à côté, des visées plus hautes, des œuvres plus méritoires, qui n'excluent pas l'accomplissement des devoirs de l'intérieur, et il n'y a aucune raison pour que les capacités d'une femme intelligente soient étouffées dès leur manifestation. Dans une république, les forces vives de chacun doivent servir au bien de tous, et l'apport des femmes n'est pas une quantité négligeable dont il convienne de faire fi. Le principe égalitaire ne saurait être le monopole des hommes et il est bon de l'appliquer à la plus jolie moitié du genre humain en tout ce qui est dans ses moyens. Et nous verrons que les moyens ne lui font pas défaut, à ce sexe, car dans les arts, à la guerre même, longue est la liste des noms qu'ont illustrés des Françaises, sans parler des étrangères qui, de leur côté, ont su montrer de quoi elles étaient capables.

C'est précisément ce livre d'or de la femme dont nous allons tourner la première page, en plaçant sous les yeux des jeunes filles l'exemple de leurs devancières, et nous espérons qu'une émulation naturelle les encouragera à les imiter.

LES BIENFAITRICES

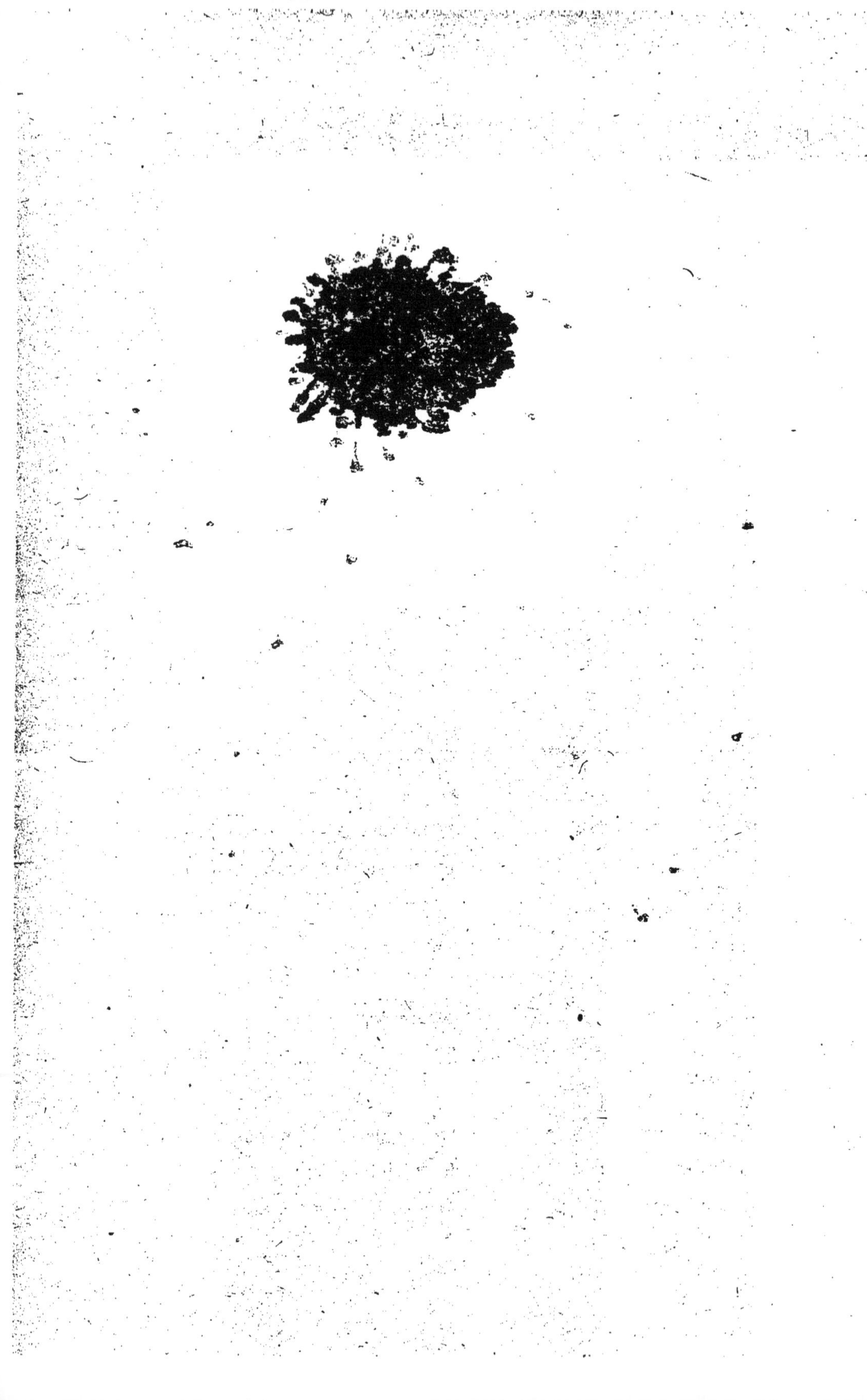

MADAME DE PASTORET

L vous est arrivé, jeune lectrice, de vous trouver arrêtée, le matin ou le soir, devant des maisons d'humble apparence sur la porte desquelles on lit ces simples mots :

SALLE D'ASILE.

Des femmes de tout âge, modestement vêtues, portant dans un panier les provisions de la journée, arrivent avec de petits enfants qui sont reçus le matin dans l'asile et gardés jusqu'au soir. Les mères les laissent sans crainte aucune sous la garde de la charité, et s'en vont dans les ateliers gagner le pain de leur petite famille. Le soir, ces mères reprennent chacune leurs jeunes abeilles, qui ont bourdonné pendant toute la journée dans la ruche commune, où elles ont reçu les soins les plus intelligents et les plus délicats.

L'idée première de ces salles d'asile est due à madame la marquise de Pastoret, dont le nom, à ce titre, doit être enseigné aux enfants, comme celui d'une bienfaitrice.

Adélaïde-Anne-Louise Piscatory naquit à Marseille, en 1765, d'une famille établie depuis longtemps en Provence, et elle ne vint à Paris qu'en 1787.

Douée d'une beauté remarquable et de beaucoup d'esprit, possédant une sensibilité exquise, elle épousa, en 1789, M. de Pastoret, alors maître des requêtes; son mariage fut célébré le 14 juillet. le jour même de la prise de la Bastille.

M. de Pastoret adopta d'abord les principes de la Révolution et fut nommé

MADAME DE PASTORET.

procureur général syndic du département de Paris ; mais, pendant la Terreur, il devint suspect et passa à l'étranger, laissant sa jeune femme qui fut arrêtée et mise en prison, où elle eut même à souffrir des rigueurs révolutionnaires.

A son retour, M. de Pastoret se trouva presque complètement ruiné ; cependant, nommé successivement administrateur des hôpitaux, professeur de droit à la Faculté de Paris, et enfin sénateur : il put conserver, grâce à ces diverses fonctions, un certain train de maison.

Ce fut alors que madame de Pastoret se consacra aux œuvres charitables.

Elle visitait un jour, dans son humble réduit, une jeune femme qu'on avait recommandée à sa charité; elle ne trouva qu'un petit enfant qui était tombé du grabat sur lequel on l'avait placé, et qui gisait à terre, baignant dans son sang. La pauvre mère avait été obligée de le laisser seul pendant qu'elle était allée chercher du travail.

Dès lors, madame de Pastoret, frappée de la pénible situation des enfants pauvres, s'occupa à y trouver un remède. Bientôt elle conçut l'idée d'un établissement où les ouvrières, les femmes en journée, pussent déposer leurs enfants le matin et les reprendre le soir.

Elle fonda la première salle d'asile à ses frais; on y admit quinze enfants, et ce nombre fut porté plus tard jusqu'à trente, toujours aux frais de la généreuse bienfaitrice.

Après la paix d'Amiens, le célèbre économiste anglais Edgeworth et sa fille visitèrent un jour la salle d'asile dans tous ses détails, avec madame de Pastoret : « Magnifique création! s'écria miss Edgeworth, nous propagerons cette idée en Angleterre! » Et en effet ils importèrent les salles d'asile à Londres, d'où on les a réexportées en France vers la fin du règne de Charles X.

La marquise de Pastoret ne fut pas seulement remarquable par sa charité, mais encore par son amabilité, par son esprit, par son goût éclairé; elle occupa un rang très distingué dans la société de son temps jusqu'à l'époque de sa mort, survenue en 1843 après une courte maladie.

Le nom de la fondatrice des salles d'asile et des crèches mérite de n'être pas oublié.

LA COMTESSE DE LARIBOISIÈRE

Il y a un demi-siècle, Paris, qui compte aujourd'hui au nombre de ses institutions philanthropiques plusieurs hôpitaux confortablement installés, Paris, disons-nous, n'en possédait que fort peu, — trois seulement sur la rive droite de la Seine : Saint-Antoine, Beaujon et Saint-Louis. Ainsi les ouvriers pauvres, qui habitaient les quartiers du centre, étaient transportés soit au faubourg Saint-Antoine, soit au faubourg Saint-Honoré, car Saint-Louis était réservé aux maladies de la peau. Cet état de choses créait pour les familles des malades une situation doublement pénible : la grande distance à parcourir entraînait des pertes de temps considérables et aussi des pertes d'argent, puisque le temps c'est l'argent de l'artisan. De plus, dans les cas urgents, pour les blessures graves reçues par exemple sur la voie publique, les longueurs du transport, le manque de soins immédiats pouvaient occasionner la mort.

Tous ces inconvénients finirent par attirer l'attention de l'autorité. En 1846, la création d'un nouvel établissement hospitalier fut décidée. On choisit pour son emplacement l'ancien clos de Saint-Lazare et on commença immédiatement les travaux. Cet hôpital, auquel on voulait donner des proportions considérables, en rapport avec les besoins de la population environnante, coûtait déjà, en 1850, cinq millions six cent mille francs, et il était bien loin d'être fini.

En effet, « l'achèvement des constructions, les frais de premier établissement, l'installation des services, dit M. Knæpflin dans *les Bienfaiteurs des Pauvres*, allaient encore imposer de lourds sacrifices à l'administration municipale et à l'administration hospitalière.

« Les choses étaient dans cet état, lorsque la ville de Paris fut l'objet d'une donation immense. Madame de Lariboisière, décédée le 27 décembre 1851, avait, par un testament en date du 15 mai 1849, légué à M. le comte de Lariboisière, son mari, l'usufruit de tous les biens, meubles et immeubles, qu'elle laissait au jour de son décès, sans aucune exception ni réserve. Ce testament contenait en outre :

« Je donne et lègue la nue propriété de tous ces biens à la ville de Paris, « pour créer un hospice pour les malades, qui portera mon nom : *Hospice* « *Lariboisière*. »

Celle qui associait ainsi son nom à une œuvre si utile aux pauvres, était la fille aînée du comte Roy. Elle était née à Paris le 22 janvier 1795 et s'y était mariée dix-neuf ans plus tard, en 1814.

Ce ne fut pas seulement après sa mort que les malheureux apprirent à aimer la comtesse de Lariboisière. Durant toute sa vie, sa bourse fut ouverte pour toutes les détresses, sans bruit, sans éclat et sans ostentation. Elle apportait tellement de tact dans la distribution de ses secours, qu'elle semblait être plutôt l'obligée que la bienfaitrice. Les Bretons surtout ont conservé d'elle un vif souvenir, car, elle avait coutume de passer au milieu d'eux les mois d'été et, dès son arrivée sur les plages, l'aisance remplaçait la misère aux foyers des pêcheurs.

Cependant, cette femme si bonne souffrit pendant vingt ans d'une cruelle maladie sans que sa douceur fût jamais altérée. Ce fut même cette maladie qui lui suggéra l'idée de doter sa patrie d'un hôpital. Nul doute que quelque œuvre généreuse et digne d'elle ne lui eût survécu sans cette circonstance, mais enfin les douleurs que son mal lui causa attirèrent sa pensée vers ceux qui, comme elle, ne jouissaient pas de la santé, et dès lors, son idée fut arrêtée.

« Je veux, disait-elle à son mari, je veux qu'après nous notre fortune offre un nouvel asile aux malades; je veux qu'un hôpital conserve le souvenir de notre famille. »

Cette fortune s'élevait à plus de six millions de francs. L'administration, d'accord avec M. de Lariboisière, décida de l'affecter à l'achèvement de l'hôpital de l'enclos Saint-Lazare qui porterait le nom de la testatrice.

C'est en souvenir de cette donation que s'élève, dans une des cours de l'hospice, un monument qui porte cette inscription :

ÉLEVÉ A LA MÉMOIRE

ÉLISA ROY, COMTESSE DE LARIBOISIÈRE,

NÉE A PARIS, LE 21 JANVIER 1794,

DÉCÉDÉE LE 27 DÉCEMBRE 1851,

PAR SON MARI, HONORÉ-CHARLES BASTON, COMTE DE LARIBOISIÈRE,

SÉNATEUR, GRAND OFFICIER DE LA LÉGION D'HONNEUR, ETC.

Et c'est dans ces hôpitaux que des femmes dévouées, des mères de famille, des jeunes filles, se consacrent humblement aux soins des pauvres! Ces femmes ont droit au respect que mérite la pratique continuelle et volontaire du sacrifice de soi-même au semblable qui souffre. Leur carrière ne mène ni à la fortune ni à la gloire; elles le savent, mais elles aiment leur condition parce qu'elles aiment à rendre service, parce qu'elles considèrent que soulager les misères d'autrui est la plus belle mission qui puisse incomber à une femme.

Riche, la comtesse de Lariboisière, a donné six millions aux pauvres; sans fortune, les infirmières leur donnent ce qu'elles ont : leur cœur et leurs soins.

A ce titre, toutes ont droit à notre respect.

MADAME BOUCICAUT

NÉE à Verjux, en 1815, celle qui devait devenir la propriétaire du *Bon Marché*, commença par être simple vendeuse dans une petite boutique de la rue du Bac. C'était un de ces rez-de-chaussée obscurs, au plafond bas, où l'air vicié surchargeait les poumons d'atomes laineux, de poussière et de mille senteurs indéfinissables. C'est là qu'elle connut M. Boucicaut, employé comme elle dans la même maison; c'est là qu'ils s'aimèrent. Car ce fut un mariage d'amour que celui de M. et de madame Boucicaut; elle avait alors trente ans. Ayant longtemps partagé les mêmes labeurs, pressentant tous deux ce que, en des mains habiles et probes, le commerce pouvait devenir, ils travaillèrent en commun, préparant déjà cette évolution gigantesque que les grands magasins ont fait faire au négoce parisien.

Mais les économies du jeune couple n'étaient pas considérables et il fallait commencer petitement pour arriver progressivement au but qu'ils étaient encore à cette époque bien loin de prévoir.

Avec leur premier argent, M. et madame Boucicaut achetèrent le petit fonds où ils avaient si longtemps travaillé comme commis. Puis, bientôt, les deux maisons voisines vinrent agrandir leur empire. Les affaires allant de mieux en mieux, tout l'îlot d'immeubles fut englobé et c'est ainsi que les magasins du *Bon Marché* devinrent l'immense quadrilatère qu'ils sont aujourd'hui.

Dire les efforts, l'intelligence et le travail que coûtèrent ces accroissements successifs, est impossible. Il fallut attirer les clients, les captiver par de

MADAME BOUCICAUT.

savantes et artistiques combinaisons d'étalages, et enfin les retenir par des prix raisonnables.

On peut dire d'eux qu'ils ont créé un palais, — le palais de la nouveauté.

Cependant, chose rare chez les parvenus! ils voulurent utiliser toutes les intelligences tout en encourageant le mérite, et, se souvenant qu'ils avaient d'abord été employés avant d'être patrons, ils eurent l'idée d'intéresser leur personnel. De cette innovation résulta pour tous, patrons et commis, une amélioration considérable. Ceux-ci, avec une inépuisable bonne grâce encourageaient à la vente; ceux-là voyaient chaque jour s'augmenter le chiffre des affaires sur lequel une part était prélevée pour tous les intéressés.

La solidarité et l'intérêt réunirent tous les rouages de cette vaste machine, et, dès lors, le succès était assuré. De là naquirent toutes les réformes apportées dans le bien-être, dans les salaires, dans le sort matériel et moral de chacun des employés.

En effet, les commis ont maintenant des salles de réunion, des salles d'armes; ils peuvent suivre des cours de littérature et de langues vivantes; ils ont une harmonie et une société chorale, des salons de lecture et des secours en cas de maladie.

Quant aux jeunes filles, elles sont logées dans un immeuble particulier où, dans la soirée, elles sont libres de se réunir et de se distraire.

A la mort de son mari, survenue en 1877, madame Boucicaut pensa qu'il était de son devoir de poursuivre l'œuvre commune, et elle continua à donner tous ses soins aux intérêts groupés autour de son nom.

Enfin, le lundi 12 décembre 1887, son cercueil, couvert de fleurs, fut conduit au cimetière par plus de 20000 Parisiens. Bien des yeux se mouillaient de larmes sincères, et le deuil n'était pas seulement sur les vêtements. La femme que l'on portait à sa dernière demeure avait, avant de mourir, légué à des œuvres humanitaires, plus de seize millions de francs.

Elle laissait par testament :

	fr.
Aux employés ayant moins de 3 ans de présence (ne seraient-ils entrés que depuis un jour), chacun	1.000
Aux employés ayant de 3 à 6 ans de présence, chacun	3.000
Aux employés ayant de 6 à 10 ans de présence, chacun	6.000
Aux employés ayant plus de 10 ans de présence, chacun	10.000
Aux ouvriers et ouvrières à la journée, ayant moins de 6 mois de présence chacun	100
Aux mêmes ouvriers et ouvrières, ayant plus de 6 mois de présence, chacun	500
Aux mêmes ouvriers et ouvrières ayant plus de 6 ans de présence, chacun	1.000
Aux ouvriers des entrepreneurs travaillant dans la maison, chacun	100

	fr.
Aux entrepreneurs travaillant dans la maison, chacun	500
Aux veilleurs de nuit ayant moins de 6 ans de présence, chacun	500
Aux veilleurs de nuit ayant plus de 6 ans de présence, chacun	1.000
Aux professeurs de toutes sortes enseignant dans la maison, chacun	1.000
A la Société civile du Bon-Marché, pour établir une maison de repos et de convalescence pour les employés, sa propriété de Fontenay-aux-Roses, évaluée à	1.000.000
Au bureau de bienfaisance de Verjux (Saône-et-Loire), pays natal de madame Boucicaut	100.000
Au bureau de bienfaisance de Bellême (Orne), pays natal de M. Boucicaut	100.000
Au bureau de bienfaisance de Cannes	50.000
Au bureau de bienfaisance de Fontenay-aux-Roses	50.000
Aux jeunes ouvriers de l'œuvre de Saint-Nicolas	1.000.000
Aux ouvrières dites « les Jeunes Économes »	500.000
Aux jeunes ouvriers faisant partie de l'Internat professionel de la rue Picpus.	500.000
A l'Association des peintres, sculpteurs, architectes, graveurs, dessinateurs.	100.000
A l'Association des artistes musiciens	100.000
A l'Association des artistes dramatiques	100.000
A l'Association des inventeurs et artistes industriels	100.000
A la Société des professeurs et membres de l'enseignement	100.000
Aux individualités souffrantes de la Presse parisienne	100.000
A M. Pasteur, en sus des 150 000 francs donnés précédemment	100.000
Pour fonder trois maisons de refuge aux environs de Lille, de Rouen et de Chalon-sur-Saône	2.645.000
A la maison de retraite de Fontenay-aux-Roses, l'immeuble construit par madame Boucicaut évalué à 100 000 francs, plus une somme de 500 000 francs en argent, soit	600.000
Pour un hospice de viellards (femmes) et pour un ouvroir externe de jeunes filles à Bellême, sa propriété de Bellême évaluée à 100 000 francs plus 500 000 francs en argent, soit	600.000
Pour entretenir quatre lits de vieillards à l'hospice de Bellême	100.000
Au ministre des beaux-arts, pour les musées du Louvre et du Luxembourg : un Fromentin; *la Biche aux Bois*, de Courbet; *les Faucheurs*, de Dupré...	
Aux maisons d'éducation de Saint-Denis, d'Écouen et des Loges, tout son linge de table et toute son argenterie	
Aux pauvres des vingt arrondissements de Paris 10 000 francs pour chaque arrondissement, soit	200.000
Plus, aux pauvres de son quartier (VIIe arrondissement)	10.000
Aux ministres des divers cultes reconnus en France, savoir :	
Au grand rabbin de France	100.000

	fr.
Au président du consistoire de la Confession d'Augsbourg et à celui du consistoire de l'Église réformée, ensemble	100.000
Au représentant des intérêts religieux orthodoxes à Paris	25.000
A l'archevêque de Paris	300.000

Comme elle l'a déclaré dans son testament, madame Boucicaut a *pensé à tous les hommes qui s'étant donnés à leur art, à la science, aux lettres, à l'enseignement, ont oublié d'assurer leur existence matérielle ou n'ont pu y réussir*

Ces dons et cette phrase suffisent à dire ce qu'était madame Boucicaut. Les faits sont la meilleure apologie, et la plus douce oraison funèbre est le souvenir qui reste dans les cœurs.

A ce titre, madame Boucicaut fut une grande Française.

LES PATRIOTES

JEANNE D'ARC

EANNE appartenait à une famille de cultivateurs aisés, possédant 12 ou 15 hectares de terres, une maison avec un jardin, quelques chevaux et du bétail. Son père, Jacques, était né à Sept-Fonds en Champagne et sa mère, Isabelle Romée, à Vouthon, en Barrois. La maison où naquit Jeanne, à Domrémy, située entre la Meuse et un coteau couronné d'une forêt de chênes, existe encore, mais non pas identiquement la même, car Louis XI la fit reconstruire en employant une partie des matériaux.

C'est dans la nuit du 5 au 6 janvier 1411 que Jeanne vint au monde. Cette enfant, qu'attendait une destinée si extraordinaire, n'apprit ni à lire ni à écrire, chose commune alors, même dans les conditions plus élevées. Dès le berceau, l'enfant se montra possédée d'une exaltation religieuse; en outre, elle grandit parmi les légendes celtiques, vivaces encore en ce pays, et nourrie des traditions naïves sur les fontaines et les arbres miraculeux, les fées, les apparitions, etc. Ces rêveries populaires, les mythes chrétiens, composèrent toute son éducation.

C'était, sous ce rapport, une vraie fille des champs.

La grandeur de Jeanne d'Arc est toute dans le domaine de l'histoire. Et si le romanesque, le poétique, le sublime se combinent avec le réel dans la vie de la noble jeune fille, si, par l'impression qu'elle cause, la sympathie qu'elle excite, elle touche aux limites extrêmes de l'histoire, elle lui appartient cependant de la manière la plus intime.

Une chose curieuse, c'est que Jeanne d'Arc elle-même a eu des précurseurs, comme elle eut de son vivant et après sa mort, des émules et des imitateurs. C'était d'ailleurs une croyance très répandue dans toutes les provinces de France que le royaume devait être sauvé par une pucelle, et plus d'une femme s'essaya à ce rôle. Entre autres, une certaine Catherine de la Rochelle, rivale de la vierge de Domrémy, inspirée comme elle et qui avait le même confesseur, le frère Richard. Ce qu'il y a de plus singulier c'est que ce religieux était à la fois le père spirituel de quatre femmes aspirant au même rôle. Une d'elle, Pierrone de Bretagne, après avoir suivi Jeanne, fut prise à Corbeil par les Anglo-Bourguignons, amenée à Paris, jugée en cour d'Église et brûlée. La quatrième chercha à se faire passer pour Jeanne d'Arc elle-même après l'exécution du jugement de Rouen.

Jusqu'à l'âge de treize ans, Jeanne grandit, occupée aux travaux rustiques, aux soins de la maison, à la garde des troupeaux. Tout le temps qui n'était pas pris par ces devoirs, était consacré à des pratiques religieuses, jeûnes, confessions, etc. Elle était rêveuse et mélancolique ; elle aimait la solitude et pleurait au son des cloches. Enfin, *un jour de jeûne, en été*, dans le jardin de son père, elle crut voir une lumière et entendre une voix, qu'elle prit d'abord pour celle de Dieu ; plus tard, elle demeura convaincue que c'était celle de saint Michel, l'ange des batailles, alors très populaire en France.

Désormais, elle vécut en pleine extase ; ses visions et ses apparitions se multiplièrent et il lui fut ordonné d'aller trouver M. de Baudricourt, capitaine de Vaucouleurs, afin d'être par lui adressée au roi de France, qu'elle était destinée à mettre en possession de tout son royaume.

La marche de Lorraine et de Champagne avait vivement souffert des guerres civiles entre Armagnacs et Bourguignons, ainsi que des luttes féodales. On sait quelle était la situation de la France en ce terrible moment. Jeanne avait grandi au milieu des alarmes, bercée par le vague et effrayant récit des calamités nationales, et, dans le temps même où elle hésitait encore à obéir à ses voix, elle dut s'enfuir avec toute sa famille et tous les habitants du village qui fut dévasté par des bandes armées. Au retour, en voyant les ruines, elle prit sa résolution définitive.

Résistant à ses parents qui voulaient la marier pour détourner le cours de ses idées, elle envoya un de ses oncles à M. de Baudricourt; mais ce dernier recommanda au paysan de bien souffleter sa nièce. Celle-ci ne se découragea pas, se rendit elle-même auprès du sire de Baudricourt et lui annonça sa *mission*. Puis elle gagna à sa cause quelques gentilshommes et, le bruit de ses visions aidant, après la journée des Harengs, la cour de Chinon en vint à s'occuper d'elle.

C'est alors qu'à dix-huit ans Jeanne partit, équipée par les habitants de Vaucouleurs, à cheval, en costume d'homme, escortée de son frère Pierre et de quelques compagnons. C'était un voyage bien périlleux en cette rude saison (février 1429) à travers les 150 lieues de pays infesté de bandes ennemies, et sans autre force que cinq ou six hommes d'armes. Mais la noble fille marchait sans crainte comme sans hésitation, avec une sérénité héroïque.

Ce voyage extraordinaire s'accomplit en onze jours et, le 8 mars, après deux jours d'attente, Charles VII accorda audience à Jeanne qui sut s'attirer sa confiance. On enmena Jeanne à Poitiers, où le roi nomma une commission de théologiens et de magistrats pour l'interroger. Enveloppée de questions captieuses par ces savants personnages, elle répondit avec une présence d'esprit extraordinaire, et, après plus de quinze jours d'examen, les doctes juges furent d'avis que l'on pouvait licitement employer la jeune fille.

Le 15 avril, le roi décida que Jeanne serait mise à la tête d'une troupe armée et envoyée à Orléans. On lui donna un écuyer, un page, deux hérauts d'armes, un aumônier, deux valets, son frère Pierre, etc. Elle eut une riche armure blanche, un étendard blanc fleurdelisé qu'elle portait elle-même et qu'elle préférait à son épée, parce qu'elle ne voulait tuer, et ne tua en effet jamais personne.

Tous ces préparatifs terminés, Jeanne partit de Tours le 25 avril à la tête de l'armée qui se composait de 4000 à 5000 hommes ; en même temps, elle sommait les Anglais de lever le siège d'Orléans.

Le 29 avril, l'armée arriva près d'Orléans. A ce moment les Anglais étaient bien affaiblis par ce long siège d'hiver, abandonnés par les Bourguignons, et répartis dans une douzaine de bastions ne communiquant pas entre eux. La ville était bien défendue par La Hire, Xaintrailles, Dunois. Enfin Jeanne, sorcière aux yeux des Anglais, envoyée de Dieu pour les Français, et à ce double titre redoutable, passa la Loire sur une flottille conduite par Dunois, pendant que les Orléanais faisaient une diversion du côté opposé. A huit heures du soir, elle entra dans la ville avec un convoi de vivres et 200 chevaux, à la lueur des torches et revêtue de son armure. L'effet fut immense et le moral fut relevé.

Le 2 mai elle alla reconnaître les positions de l'ennemi qui ne fit aucune démonstration hostile. Deux jours plus tard, la petite armée entra à son tour dans Orléans, sans avoir eu à combattre. Cependant, les capitaines paraissaient vouloir agir sans consulter la jeune généralissime. Elle reposait un moment chez la femme et les filles du trésorier, où elle s'était installée, lorsqu'elle entendit le bruit d'un combat. Elle se leva précipitamment et se fit armer : « Méchant garçon ! dit-elle à son page, vous ne me disiez pas que le sang de France feust répandu. » Elle franchit les fortifications, ranima les nôtres par sa présence et Dunois, ayant amené un renfort, l'action recommença et l'une des bastilles anglaises fut emportée. C'était la première victoire de Jeanne. Les jours suivants, il y eut de nouveaux combats qui, grâce au génie militaire de la Pucelle, tournèrent tous à notre avantage. Enfin, les Anglais s'étaient concentrés dans les deux bastilles du Nord; l'une des deux

JEANNE D'ARC.

fut encore emportée. A l'attaque de la dernière, nommée les Tourelles, Jeanne, au moment où elle appliquait une échelle contre la muraille, au plus fort du combat, fut atteinte par un trait d'arbalète qui pénétra entre le col et l'épaule et traversa de l'autre côté. On l'emporta. Éloignée du combat, placée sur l'herbe, elle eut un moment de défaillance en voyant son sang et sa blessure; mais elle se sentit bientôt réconfortée et elle put ranimer ses gens que cet événement avait découragés, les exciter à l'assaut et remonter à cheval. La bastille fut enlevée.

Il ne restait plus un Anglais autour d'Orléans.

La délivrance d'Orléans par une femme, — une sainte dans l'opinion populaire, — eut un effet moral immense; et pendant que les Anglais l'attribuaient au diable, toute la France y voulait voir l'intervention de Dieu.

Malgré sa blessure, Jeanne continua à s'occuper activement du salut national. Elle voulait entraîner sur-le-champ Charles VII à Reims, pour le faire sacrer, mais les politiques et les hommes de guerre voulaient qu'on allât plus lentement et plus sûrement, et qu'auparavant on débarrassât au moins le cours de la Loire des garnisons anglaises. On rassembla de nouvelles forces, et on alla assiéger et prendre Jargeau, puis Beaugency. Jeanne assistait à ces expéditions dont elle avait fait donner le commandement au duc d'Alençon, ainsi qu'à la brillante et décisive victoire de Patay (29 juin), à la suite de laquelle la marche sur Reims fut enfin décidée.

Le voyage de Reims fut un événement considérable dans la vie de Charles VII. L'armée se rassembla à Gien, et, le 28 juin, Jeanne, avec l'avant-garde, ouvrit cette marche aventureuse à travers 60 lieues de pays occupé par l'ennemi. Il y avait quatre mois à peine qu'elle était entrée, obscure et dédaignée, dans cette même ville de Gien: et, dans ce court espace de temps, elle avait inauguré une ère nouvelle pour la France : elle avait modifié la face d'un empire.

On arriva devant Auxerre qui demanda et obtint de garder la neutralité. Mais Troyes, bien fortifiée et munie, défendue par une garnison de Bourguignons et d'Anglais, arrêta l'armée royale sous ses murs. Après un combat fort vif devant la ville, le conseil délibéra si l'on rétrograderait ou si l'on passerait outre, vu l'absence d'artillerie, mais la Pucelle insista pour l'attaque, assurant que sous trois jours, et même le lendemain, on entrerait dans la place. Les chefs militaires, malgré la prudence et les règles, durent céder aux exigences de l'idole populaire, qui, par son enthousiasme même, suscitait l'enthousiasme et assurait le succès.

Contre toute attente, Troyes fut en effet emportée le lendemain (9 juillet). Suivant sa coutume, Jeanne avait donné l'exemple en entraînant les troupes à l'assaut. A Châlons, tout le peuple vint au-devant de la Pucelle, et, enfin, le 16, l'armée entrait à Reims sans coup férir.

Charles VII fut sacré à la cathédrale, le lendemain 17. Jeanne d'Arc, pendant la cérémonie, se tint debout près de l'autel, son étendard à la main. Dès lors, les villes se soumirent successivement : Soissons, Laon, Provins, Coulommiers, Château-Thierry, Compiègne se rallièrent à la cause royale. Beauvais chassa son évêque, parce qu'il était dévoué aux Anglais ; c'était ce Pierre Cauchon, auquel le procès de Jeanne a donné une si triste célébrité.

Cependant Bedford, le régent anglais, soutenu par le vieux parti bourguignon, tenait toujours Paris. Après quelques escarmouches entre les deux armées, Charles VII prit possession de Saint-Denis, le 25 août. Puis il attaqua Paris où il échoua. Dans cette tentative, la Pucelle, qui s'était avancée jusque dans les fossés pour tenter l'assaut, eut la cuisse traversée d'un coup d'arbalète. On l'emporta malgré elle, fort découragée et un peu atteinte dans le prestige qu'elle exerçait. D'ailleurs il semble qu'elle considérait elle-même son rôle comme terminé après le sacre ; par deux fois, elle voulut se retirer chez elle. Sa position devenait difficile parmi les hasards de la guerre. L'enthousiasme populaire ne lui demandait rien moins que l'infaillibilité dans le succès, et même des miracles : à Lagny, on la supplia de ressusciter un enfant.

ENTRÉE DE JEANNE D'ARC A REIMS.

Après l'attaque manquée de Paris, il fut décidé au conseil que l'armée se retirerait sur les bords de la Loire, l'argent manquant tout à fait.

En novembre, Jeanne fit le siège de Saint-Pierre-le-Moutier qu'elle emporta d'assaut malgré la fuite d'une grande partie des siens. Puis elle assiégea la Charité, mais elle dut renoncer à prendre cette ville par suite de la défection de ses soldats. C'est alors qu'elle reçut du roi des lettres d'anoblissement, pour elle, pour sa famille et toute leur postérité. Ses deux frères changèrent leur nom en celui *du Lis*, à cause des fleurs de lis d'or qui leur avaient été accordées pour leurs armoiries.

Jeanne fit ensuite du côté de Melun quelques petites expéditions, puis elle accourut à Compiègne pour défendre cette place. Après plusieurs affaires, Jeanne, dans une sortie, fut faite prisonnière et conduite à Margny, puis à Clairoy (23 mai 1430).

La grande nouvelle se répandit dans toute la France avec la rapidité de l'éclair. Les Anglais en témoignèrent une joie délirante. A Paris, on fit des réjouissances publiques, mais dans les villes de la Loire la consternation fut inexprimable.

Les Bourguignons, qui ne partageaient pas la haine féroce des Anglais, la traitèrent d'abord convenablement. Jean de Ligny (de Luxembourg) l'envoya à la tour de Beaulieu, puis au château de Beaurevoir près de Cambrai, où sa femme et sa tante eurent pour la captive tous les égards dus à son malheur et à sa vertu.

Cependant, le 26 mai, le frère Martin, vicaire général de l'inquisiteur de la foi au royaume de France, requit le duc de Bourgogne de lui livrer la Pucelle « soupçonnée véhémentement de plusieurs crimes sentant l'hérésie ». Pierre Cauchon, évêque de Beauvais, prétendait que Jeanne, ayant été prise dans son diocèse, le jugement lui en appartenait conjointement avec l'inquisiteur. L'Université de Paris appuya cette requête; les Anglais, de leur côté, pressaient les événements; il leur fallait le jugement de Jeanne comme sorcière.

Luxembourg finit par livrer sa prisonnière moyennant 10000 francs d'or, non aux Anglais, mais à son suzerain, Philippe le Bon, qui la fit transférer à Arras, puis au donjon du Crotoy et enfin la remit entre les mains des Anglais vers la fin de novembre 1430.

Conduite à Rouen, l'héroïne fut enfermée dans la grosse tour du château, dans une cage de fer et enchaînée. Confiée à un corps de soldats anglais composé de bandits, elle eut à souffrir toutes les insultes et tous les mauvais traitements.

La sanglante comédie du procès commença et se poursuivit avec une cruelle lenteur, suivant les formes de l'inquisition. C'était Cauchon qui instrumentait, assisté du vicaire de l'inquisition, de son chanoine, Jean d'Estivet, et d'assesseurs choisis par lui, an nombre de quatre-vingt-quinze. Tous reçurent d'énormes gratifications et Cauchon, lui-même, outre la promesse de l'archevêché de Rouen, fut comblé d'or par les Anglais.

Le 21 février, Jeanne fut amenée devant ses juges et les interrogatoires commencèrent, pour se terminer par l'arrêt qui déclarait Jeanne devineresse, blasphématrice, hérétique obstinée, etc., et la livrait à la justice séculière.

Toutefois, on ne pouvait la livrer à la mort que si elle se mettait en état de rechute, si elle devenait *relapse,* c'est-à-dire si, après avoir abjuré ses erreurs, elle retombait dans l'une d'elles.

On lui fit signer d'une croix, à force d'insistance, une espèce de rétractation fort courte, dont on développa ensuite les termes de manière qu'elle ne pouvait manquer de retomber. Parmi les chefs d'accusation, il y avait celui d'avoir revêtu les habits d'homme. Dès ce moment, elle dut les quitter; mais on les laissa à sa portée. Gardée par des hommes, menacée à chaque instant de violences, elle reprit ces vêtements protecteurs.

Dès lors elle était relapse, et elle était perdue.

Charles VII ne tenta rien pour la sauver et le 30 mai 1431, Jeanne fut conduite au supplice et brûlée vive. En montant sur le bûcher, elle avait dit à Cauchon : « Évêque, je meurs par vous ! »

La mémoire de l'héroïne fut réhabilitée en 1456, par un long procès en revision.

Jeanne d'Arc est une de nos grandes figures nationales. Elle a rendu à la patrie d'incontestables services. De plus, qui ne serait saisi et ému par cet admirable mélange d'innocence et de bravoure? Il n'est peut-être aucun personnage de notre histoire dont l'origine, la vie, la mort et la mémoire aient été l'objet de plus de recherches que l'humble et sublime bergère de Domrémy. Il n'en est à coup sûr point qui ait inspiré plus d'artistes ; c'est l'hommage mérité que tout cœur français doit à la célèbre vierge, à la libératrice de la France, à la martyre, à la Pucelle d'Orléans.

JEANNE HACHETTE

Jeanne Laisné, surnommée Jeanne Hachette, fut une véritable femme du peuple, ignorante, mais courageuse.

En 1472 (car il faut bien faire un peu d'histoire pour en arriver aux événements qui permirent à notre héroïne de s'immortaliser), Charles le Téméraire, duc de Bourgogne, se révoltait contre Louis XI et envahissait la Picardie. Beauvais, défendu par des remparts en ruine et par une garnison peu importante, ne semblait pas devoir offrir une résistance sérieuse à une armée forte de 80 000 hommes. Dès la première attaque, les Bourguignons se rendirent maîtres des faubourgs ; la prise de la ville paraissait imminente aux assaillants qui, forts de leur nombre et de leur supériorité militaire, ne pouvaient prévoir ce dont étaient capables les paisibles bourgeois d'Amiens.

Bientôt, dans la ville assiégée, un cri retentit : « Bataille ! bataille ! » et de toutes les maisons sortent des hommes, des femmes, des enfants. Les rues se dépavent ; on fabrique des piques, des masses ; on fait bouillir de la poix, de la résine. Les projectiles s'entassent derrière les murailles : quartiers de roche, pierres, poutres, tout est bon. Et, sous ce déluge de poix bouillante, sous cette grêle de pierres, sous cette averse de coups de pique, les Bourguignons tentent l'assaut.

Mais les femmes de Beauvais, honteuses de leur inaction, courent aux remparts, et, d'estoc et de taille, elles combattent près de leurs maris et de leurs pères. Ces femmes étaient farouches et leur courage étonnait les plus braves. Cependant, parmi elles, il s'en révéla une qui trouva le moyen de se distinguer, de faire briller, au milieu de tant de valeur, une intrépidité encore plus grande, une fermeté plus indomptable.

C'était Jeanne Laisné, la fille d'un simple artisan, c'était celle-là même qu'on devait surnommer Hachette, en souvenir de la petite hache que brandissait son bras courageux.

Malgré la défense héroïque autant qu'énergique des habitants, les assaillants montaient toujours, sans que la marée humaine semblât s'arrêter. Le porte-étendard arrive sur la brèche ; il va y planter son fanion. Mais une main saisit la hampe, tandis qu'une autre, d'un coup de hache, fait rouler le soldat au pied des murailles. C'était Jeanne Hachette, qui avait vu le danger et s'était précipitée.

Charles le Téméraire, étonné d'une telle résistance, fait lever le siège, donnant ainsi le temps aux renforts d'accourir au secours de la ville. Bientôt les troupes de Louis XI entrent dans Beauvais dont la cathédrale est ornée de la bannière prise par Jeanne Hachette aux Bourguignons.

En l'honneur de cette défense héroïque, Louis XI ordonna que les femmes qui s'étaient montrées si vaillantes en ce siège, où elles ont surpassé la hardiesse des hommes de plusieurs autres villes, prendraient dorénavant le pas sur leurs maris.

Cette ordonnance visait toutes les femmes de Beauvais indifféremment, mais il y en eut une autre visant particulièrement notre héroïne, et dont voici le texte :

« Pour considération de la bonne et vertueuse résistance qui fut faite, l'année dernière passée, par nostre chière et amée J. Laisné, fille de Mathieu Laisné, demeurant en nostre ville de Beauvais, à l'encontre des Bourguignons, tellement elle gaigna et retira devant elle un estendaud ou bannière desdicts Bourguignons, ainsi que nous estant dereñièrement en nostre dicte ville, avons été informé, nous avons, pour ces causes, en faveur du mariage d'elle et de Colin Pilon, conclu et accordé que ledict Colin Pilon et Jeanne, sa femme, soient leur vie durant francs, quictes et exempts de toutes les tailles qui sont et seront d'ors en avant mises sus et aussi de guet et de garde-porte. Si vous mandons, etc...

« Donné à Senlis, le 22 février, l'an de grâce 1474. »

A partir de cette époque, les documents manquent sur la vie de Jeanne. Cependant, on sait que Colin Pilon mourut au siège de Nancy, en combattant Charles le Téméraire.

Jeanne ne resta pas longtemps veuve. L'éclat de ses prouesses, les faveurs dont elle était l'objet en faisaient un parti fort recherché. Un capitaine d'aventures, son cousin du côté maternel, nommé Jehan Fourquet, épousa Jeanne. Louis XI s'attacha ce Fourquet en qualité de garde du corps, mais les chroniques sont muettes sur le sort qui lui fut réservé.

Arrivés à ce point, nous sommes en pleine obscurité, obscurité si profonde que l'on ignore même la date de la mort de Jeanne Hachette. Cependant, elle eut des descendants, puisque, sous Charles X, il existait un Pierre Fourquet d'Hachette, auquel le gouvernement servait une rente de 1500 francs en souvenir de son aïeule.

La bannière prise par Jeanne Hachette existe encore, mais ternie par les ans, elle ne porte presque plus de traces des brillantes couleurs qui l'ornaient autrefois. Cependant, voici ce qu'était ce drapeau :

« Il est en toile blanche fleuronnée et damassée, exécuté en double œuvre, et ne porte aucune broderie. Les figures et les armoiries sont peintes et dorées sur le tissu. Il devait avoir la forme d'un long pennon, avec une ou deux pointes effilées, suivant la coutume de l'époque. Les ornements de cet étendard constatent son origine bourguignonne ; il portait en caractères dorés le mot *Burgundia*, dont on n'aperçoit plus que les premières lettres. Deux arquebuses

JEANNE HACHETTE AU SIÈGE DE BEAUVAIS

croisées, entourées de flammèches rouges, rappellent que le collier de la Toison d'Or portait des doubles fusils et des pierres à feu jetant des flammes avec ces mots : *Ante ferit quam flamma micat* (Il frappe avant que la flamme brille). A côté de saint Laurent tenant son gril, on lit la célèbre devise de Charles le Téméraire : *Je l'ai emprins* (Je l'ai entrepris). Auprès de la hampe sont deux écussons ; le premier est surmonté d'un bonnet ducal en forme de mortier, signe caractéristique de la dignité des électeurs de l'Empire. Il est entouré du

ÉTENDARD DU DUC DE BOURGOGNE

collier de la Toison d'Or et porte : *une aigle éployée de sable en champ d'argent avec un écu écartelé de France et de Castille*. L'écusson inférieur porte d'argent au lion de gueules ou de pourpre couronné d'or, et est probablement l'écusson de Luxembourg. Quant à la présence de saint Laurent sur cette toile, on ne peut guère l'expliquer qu'en supposant qu'il était le patron de la commune à laquelle appartenait l'étendard. Le culte de ce saint était du reste très populaire en Bourgogne. »

Mais si l'on ignore comment s'écoulèrent les dernières années de la vie de Jeanne Hachette, on conserve par contre la maison où elle est née, dans la rue qui porte son nom. Une statue en bronze rappelle son souvenir aux habitants de Beauvais.

GENEVIÈVE PRÉMOY

'EST à Guise, en Picardie, que naquit le 15 mars 1660, celle qui devait plus tard se couvrir de gloire sous le nom de *chevalier Balthazar*.

Dès sa plus tendre enfance, Geneviève tira l'épée et le pistolet ; le maniement du cheval lui était également familier. Elle s'habillait en garçon afin d'être mieux à son aise pour se livrer à ses amusements de prédilection ; — les exercices du corps. Cette habitude de porter des vêtements masculins eut une influence considérable sur sa destinée. En effet, un jour son frère lui fit des observations sur son costume et s'irrita au point de lui donner un soufflet. Geneviève, dans sa fureur, prit un pistolet et, d'un coup de crosse, elle fit à son frère une blessure grave à la tête. Cependant, effrayée de son acte et redoutant la colère des siens, elle prit aussitôt la fuite, quitta la maison paternelle, et gagna Lille, où, dès lors, elle prit le nom de *chevalier Balthazar*.

Geneviève avait alors seize ans ; on se battait en Flandre où la ville de Condé était assiégée et l'idée vint à notre jeune fille de s'engager. Ce n'était point chose difficile, et bientôt, grâce à son faux nom et à sa bonne mine, le chevalier Balthazar entrait dans les rangs de la cavalerie du prince de Condé.

Le chevalier (ou plutôt Geneviève) était brave, et les occasions de distribuer des horions ou d'en recevoir ne manquaient pas.

PRISE DE CAMBRAI D'APRÈS UN TABLEAU DE VAN DER MEULEN.

Un jour, envoyée en reconnaissance aux alentours d'Ypres, la petite troupe dont le chevalier faisait partie, rencontra l'ennemi et le mit en fuite après combat. C'était la première affaire de Balthazar; il fut grièvement blessé, mais il fit prisonnier un officier et en tua un autre. Ce début lui valut les félicitations du maréchal d'Humières.

La blessure de Balthazar était à peine fermée que le jeune chevalier courait prendre part au siège de Condé, puis de Bouchain et d'Aire, où il se fit remarquer par son courage. C'est ainsi qu'insulté par un officier allemand il provoque celui-ci, le désarme et lui fait grâce de la vie.

A Valenciennes, surpris par une troupe, il reçoit un coup de feu ; malgré sa blessure, il court sur le commandant ennemi et le tue. Quelques jours après ce fait d'armes, — le 17 mars 1677, — Balthazar fut atteint d'un coup d'épée au-dessus de l'œil gauche, qui lui laissa une cicatrice indélébile.

Le 22 du même mois, à Cambrai, le chevalier fut renversé par la commotion d'un boulet et cet accident le rendit sourd pendant près d'un mois, ce qui ne l'empêcha pas d'essuyer un coup de pistolet à la bataille de Cassel et de faire prisonnier celui qui l'avait attaqué.

Cependant, au cours d'une sortie dont il faisait partie, le chevalier ranima le courage de cavaliers que leur chef avait lâchement abandonnés et, chargeant à leur tête, il défait les assaillants, tout en recevant une nouvelle blessure et en voyant l'oreille de son cheval emportée par un coup de sabre.

Puis il rentre dans Lille, suivi de ses prisonniers. Le maréchal l'embrasse et le nomme cornette, en attendant une lieutenance.

En 1678, le jeune cornette est encore blessé en enlevant un convoi ennemi. Nous le retrouvons, néanmoins, à la bataille de Saint-Denis, avec une balle dans la tête. Il subit l'opération du trépan.

Aux sièges de Courtray, de Luxembourg, de Philippsbourg, de Mons, nouveaux hauts faits du chevalier Balthazar, devenu lieutenant. Cependant, à

Liège, le secret de son sexe fut trahi : le lieutenant avait reçu une blessure grave et le médecin révéla la vérité.

La réputation de Geneviève était devenue si grande qu'en 1672, au camp de Gibloux, Louis XIV voulut la voir et se la fit présenter.

Le lieutenant prit encore part au siège de Namur, à la bataille de Steinkerque, au siège de Furnes et à la bataille de Pont-d'Atresin où il eut le corps traversé. Cette dernière blessure obligea la jeune guerrière à abandonner momentanément la carrière des armes. Le roi la nomma chevalier de l'ordre militaire de Saint-Louis, en lui accordant le privilège de porter le cordon en écharpe comme les commandeurs.

Mais l'armée attirait toujours Geneviève, et, en avril 1697, après un repos forcé de quatre ans, elle paraît au siège d'Ath. Enfin, en 1701, Louis XIV fit remettre à Geneviève une somme considérable et il lui donna lui-même une épée d'honneur.

Voici, d'après un de ses contemporains, le portrait de notre héroïne.

« Sa taille médiocre est longue et fine. Elle accompagne sa voix ferme d'un ton fort doux. Elle a le front large et quelques commencements de rides vers la racine du nez. Ses cheveux sont bruns, son air est hardi, son regard martial, son port assuré; et, selon les différents mouvements de son âme, elle fait paraître dans tous les traits de son visage ou de la douceur ou de la fierté.

« Depuis qu'elle a été reconnue pour femme, le roi lui ayant ordonné de prendre une jupe, elle la porte à la cour et dans Paris. Elle est souvent d'écarlate galonnée d'or ; mais tout le reste de son habillement est celui d'un officier de distinction. Elle a, avec cet habit, une perruque à l'espagnole, tantôt brune, tantôt blonde; un chapeau bordé et orné d'un plumet blanc ; un justaucorps d'écarlate magnifiquement galonné d'or.

« Mais ce qui l'orne et la distingue beaucoup plus que toutes les riches parures qu'elle peut avoir, c'est l'ordre de chevalier de Saint-Louis, qu'elle a le privilège de porter en écharpe comme les commandeurs de cet ordre. L'épée ne sort point pendant tout le jour du côté de Balthazar, qui porte à la cour celle dont Sa Majesté l'a honorée et qu'elle garde comme un précieux témoignage des bontés que le grand monarque a pour elle. »

LES CANTINIÈRES

ARLONS d'abord de madame veuve Brulon, qui, fille de cantinière, fut cantinière elle-même et sous-lieutenant d'infanterie.

« Angélique-Marie-Josèphe Duchemin, veuve Brulon, dit M. Jean Alesson, était née à Dinan (Côtes-du-Nord) en 1772. Fille, sœur et femme de soldat, elle vit tomber sur les champs de bataille, son père, ses frères et son mari. Toute autre femme qu'elle eût pris la guerre en horreur. Angélique Duchemin, au contraire, comme fascinée par le danger, se fit soldat à son tour. Elle s'engagea au 42e régiment d'infanterie de ligne (1), en garnison en Corse, où elle parvint, non sans l'avoir gagné rudement, au grade de caporal-fourrier.

« A l'affaire du fort de Gesco, elle se battit comme un lion, et, en repoussant l'assaut, elle reçut un coup de sabre au bras droit et un coup de stylet au bras gauche. Malgré ses blessures, elle partit pour Calvi, à minuit, pour chercher des munitions qu'elle fit conduire au fort. Pendant une sortie elle fut encore blessée dans les rangs des tirailleurs. »

Plus tard, le 5 prairial de l'an II, au siège de Calvi, elle défendit à outrance, contre les Anglais, un bastion d'une grande importance stratégique ; elle

(1) Ce régiment est actuellement à Belfort; c'est dans ses rangs que l'auteur de ce livre a eu l'honneur de servir.

n'avait avec elle qu'une poignée d'hommes et elle tint bon. Là encore, elle fut blessée en manœuvrant une pièce d'artillerie.

Les guerres impériales fournirent à Angélique de nouvelles occasions de déployer sa valeur et de gagner de nouveaux grades en même temps que de nouvelles blessures, jusqu'à ce qu'enfin elle fût admise aux Invalides.

« Elle y fut nommée sous-lieutenant en 1822, sur la proposition du général de Latour-Maubourg, alors gouverneur de l'hôtel, dit M. Félix Ribeyre. Une récompense plus éclatante lui était réservée. Elle reçut la croix de la Légion d'honneur, le 15 août 1851 et la médaille de Sainte-Hélène en 1857.

« Cette femme, qui portait avec beaucoup de dignité son costume d'officier d'invalides — la longue tunique, avec les insignes du grade et la casquette basse galonnée, — était l'objet du respect de tous. Elle mourut le 13 juillet 1859, à l'âge de quatre-vingt-sept ans.

« Bien que les temps actuels fournissent moins d'occasion aux cantinières de montrer leur courage sur les champs de bataille, il ne serait cependant pas difficile de citer de nombreux traits de dévouement et d'héroïsme accomplis par ces vaillantes femmes. Plus d'une cantinière — on ne l'ignore point — se distingua dans les campagnes d'Afrique, en Crimée, en Italie, au Mexique, et obtint ce signe de l'honneur si envié de nos soldats, la croix des braves.

« Mais depuis la création de la médaille militaire, c'est surtout cette distinction que l'on accorde aux cantinières, pour actions d'éclat. Parmi celles qni figurent sur les registres de la grande chancellerie de la Légion d'honneur comme décorées de la médaille militaire, nous citerons : madame Cros, cantinière du 1er bataillon de chasseurs à pied de l'ancienne garde impériale, médaillée le 25 juin 1859 ; madame Calvet, cantinière du 1er zouaves, médaillée le 25 juin 1861 ; madame Rossini, cantinière aux anciens zouaves de la garde, médaillée le 17 juin 1859 ; madame Thérèse Mahler, cantinière du 34e régiment d'infanterie, médaillée le 19 février 1862.

« En 1870-1871, pendant la guerre contre l'Allemagne, les cantinières françaises furent dignes de leurs devancières. On les vit vaillantes et intrépides sur les champs de bataille où coula le sang de nos soldats. La place nous manque pour retracer les épisodes dramatiques dont ces dignes femmes furent les héroïnes, mais nous citerons du moins les noms de quelques-unes de celles qui obtinrent la médaille militaire : madame Mallet, cantinière du 21e de ligne, médaillée le 8 août 1871 ; madame Philippe, cantinière du 72e bataillon de la garde nationale mobilisée de la Seine, médaillée le 29 janvier 1871 ; madame Renom, cantinière du 216e bataillon de la garde nationale de la Seine, médaillée le 12 février 1871, etc. »

M. Jean Alesson, auquel nous avons déjà emprunté une partie de ces détails sur les cantinières françaises, va se charger de nous faire connaître deux d'entre elles, — Annette Drevon et madame Jarrethout, — dont notre armée peut, à bon droit, s'enorgueillir.

« Le 2e zouaves et le 32e de ligne, dit-il, ont pu inscrire en lettres onciales, dans l'histoire de leurs drapeaux, le nom d'Annette Drevon, « une gaillarde qui n'avait pas froid aux yeux », suivant l'expression des vieux sergents d'autrefois.

« C'est à Magenta qu'Annette Drevon, cantinière au 2e zouaves, cueillit la croix. Deux soldats autrichiens s'étaient emparés du drapeau du régiment ; elle fondit sur eux, et, avant qu'ils se fussent rendu compte de l'assaut, tous deux tombèrent, l'un mort, l'autre blessé. La cantinière avait fait feu de son arme. Elle arracha le drapeau de la main crispée qui le tenait et le rapporta triomphante sous une grêle de balles.

La guerre de 1870 trouva l'intrépide vivandière au 32e de ligne. Ici se place un épisode. Dans une rue de Thionville, Annette Drevon se croisa avec un soldat bavarois ; le Tudesque part d'un rire gras devant cette croix fixée sur la poitrine d'une femme ; il ose bafouer Annette ; il fait plus, il l'insulte ; elle riposte, il va la giffler du fourreau de sa baïonnette : la cantinière perd patience, elle tire, et le Bavarois tombe mort.

Elle passa en conseil de guerre et s'entendit condamner à mort; mais le prince Frédéric-Charles biffa la sentence.

Annette Drevon était devenue dame de la halle. Tout Paris s'est détourné de sa route pour aller saluer cette croix populaire si simplement et si dignement gagnée.

Annette Drevon était née à Clermont-Ferrand, en 1826.

Maintenant voici ce que fit madame Jarrethout pour mériter sa croix d'honneur.

Madame Jarrethout, née Biohain, veuve en premières noces de M. Pellicot, naquit à Ploërmel, le 30 juin 1817.

En 1870, — elle avait déjà cinquante-trois ans ! — elle s'engagea comme cantinière des francs-tireurs de Châteaudun. C'est en cette qualité qu'elle put rendre les services qui, deux fois, faillirent lui coûter la vie. Elle se distingua en premier lieu à l'affaire d'Ablis, où cent vingt francs-tireurs réussirent à faire prisonniers deux escadrons ennemis; en second lieu, à la défense de Châteaudun. Sous le feu de l'ennemi, elle put, à force de sang-froid et de courage, ravitailler en munitions les défenseurs de notre patrie.

Le dossier de madame Jarrethout est un long recueil de traits de bravoure ou de dévouement : elle pansa des blessés, assista à la défense du Mans, au combat d'Alençon, fut faite prisonnière à Saint-Paravy, s'échappa pour revenir dans les rangs français ; ensuite elle sauva la vie à M. Marsoulan, et à M. Maillet, commandant de mobiles.

« Madame Jarrethout, raconte M. Félix Ribeyre, a passé sa vie, on peut le dire, à accomplir des actes de dévouement. Elle a reçu *vingt-trois* médailles d'honneur ou de sauvetage et, devenue cantinière de francs-tireurs, elle donna à tous l'exemple du plus admirable patriotisme. A Châteaudun, elle allait relever les blessés jusque sous les balles ennemies, et, tandis qu'elle arrachait à la mort le commandant des mobiles de la Mayenne, elle recevait une balle qui lui brisait l'avant-bras. Empressons-nous d'ajouter que madame Jarrethout a obtenu, le 14 juillet 1880, la récompense qu'elle avait si bien méritée et cette intrépide cantinière, qui avait affronté sans faiblir les plus grands périls et la mitraille elle-même, pleura de joie en recevant la croix de la Légion d'honneur et se trouva mal...

« On aime en France la gaieté, la bonne humeur, le courage et le dévouement, et ce sont précisément là les qualités qui caractérisent les femmes de cœur qui ne connaissent d'autre famille que le régiment et partagent ses joies et ses souffrances. »

C'est pourquoi nous aimons nos braves cantinières qui savent soigner les blessures, verser la rasade réconfortante, et au besoin faire parler la poudre quand le devoir et la patrie l'exigent.

HISTOIRE DU JOLI SERGENT

(VIRGINIE GHESQUIÈRE — MARIE SCHELLINCK)

E *joli sergent* naquit à Deulemont, il y a quelque chose comme cent trente ans. Virginie Ghesquière, — c'était son nom, — dut sa croix à son amour fraternel et au courage qu'elle déploya par la suite. Elle avait un frère qui fut un jour appelé à l'armée, mais le jeune homme était débile et sa santé fit craindre à Virginie qu'il ne pût résister aux fatigues du métier des armes. Elle n'hésita pas, et, usant d'un subterfuge, elle se substitua à lui. Prenant ses vêtements et sa feuille de route, elle rejoignit le 27e de ligne où elle fut incorporée.

En ce temps-là, point n'était besoin de bien grandes formalités pour être soldat et la jeune fille réussit pleinement à cacher son véritable sexe et à se faire passer pour un homme aux yeux de tous.

En 1808, la jeune fille était devenue sergent, et ses camarades l'appelaient le *joli sergent*.

Le *joli sergent* faisait partie de l'expédition française envoyée en Portugal sous les ordres de Junot. Dans un engagement meurtrier, le colonel du 27e de ligne tombe grièvement blessé ; la victoire demeure aux Français. Nos régiments se rallient et l'on constate la disparition du colonel. Le sergent Ghesquière s'écrie qu'il faut chercher son corps et le rapporter. Il part seul, cherche et trouve.

Le colonel vivait encore. Deux officiers anglais passent à cheval ; le sergent fait feu, tue l'un, blesse l'autre, reçoit lui-même une balle, maîtrise sa souffrance, s'empare des chevaux et tente, sans y réussir, de placer le colonel sur une des montures ; des camarades accourent et l'aident.

On rapporte l'officier à l'ambulance où on le rappelle à la vie. Le joli sergent est blessé lui aussi ; un pansement est urgent ; il le refuse. Le chirurgien major lui dit alors :

— Allons ! déshabille-toi que je te recouse ta basane ! (*Historique.*)

Et comme le sergent résiste toujours, des aides déboutonnent sa tunique ensanglantée et mettent à nu une poitrine de femme...

La supercherie constatée, il ne reste plus qu'à mettre à l'ordre du jour l'action d'éclat de Virginie Ghesquière.

La croix consacra sa bravoure.

* *

Marie Schellinck, qui fut surnommée le sergent de Jemmapes, naquit en 1758 ; Belge de naissance, en servant dans les rangs de l'armée française, elle acquit la qualité de Française, puisque chacun sait que nos lois accordent la naturalisation à quiconque a porté les armes pour la France.

Marie rêvait batailles et lauriers. Pour elle il n'y avait de beau que l'habit militaire, d'enviable que la vie des camps. En dépit de son sexe, elle s'enrôle dans l'armée française et devient bientôt caporal.

C'est à Jemmapes, où elle reçut six coups de sabre, qu'elle fut faite sergent, à l'âge de trente-trois ans. Elle fut à Arcole, à Austerlitz, où elle fut de nouveau blessée ; enfin à Iéna, sa conduite fut si remarquable que Napoléon lui donna lui-même l'épaulette et la croix de la Légion d'honneur.

Voici, exactement transcrits, les états de service de cette courageuse femme :

SCHELLINCK (MARIE-JEANNE), née à Gand, en 1758, décédée à Menin, en 1840.

Campagnes. — Campagnes de 1792, 1793, 1794, en Belgique ; 1795, en Hollande ; 1796, 1797 et 1800, en Italie ; 1804, côtes de l'Océan ; 1805, en Allemagne ; 1806, en Prusse ; 1807, en Pologne.

Blessures et citations. — Six coups de sabre à la bataille de Jemmapes ; citée à l'ordre du jour à la bataille d'Arcole ; à Austerlitz, blessée d'un coup de feu à la cuisse gauche ; le 15 octobre 1806, blessée à Iéna.

Entrée au service au 2e bataillon belge : 15 avril 1792 ; caporal, 15 juin 1792 ; sergent, 7 décembre 1793 ; prisonnier de guerre en Autriche, 3 mars 1797 ; rentrée en France, 11 juin 1798 ; sous-lieutenant, 9 janvier 1806 ; pensionnée et chevalier de la Légion d'honneur, 20 juin 1808.

En lui remettant la croix, Napoléon lui dit :

— Madame, je vous fais sept cents francs de pension et chevalier de la Légion d'honneur. Recevez de ma main l'étoile des braves que vous avez si noblement conquise.

THÉRÈSE JOURDAN

HÉRÈSE Jourdan fut une humble, une obscure parmi les obscures et cependant sa vie fut toute d'abnégation et de labeur. Ce fut une de ces cantinières dont les annales militaires sont fières à juste titre, une de ces femmes dont M. Bescherelle, dans ses *Esquisses militaires*, a dit :

« C'est un type à part ; elle a sa page immortelle dans l'histoire de nos guerres. Elle a accompagné nos armées sur tous les champs de bataille, depuis les hauteurs de Jemmapes jusqu'aux Pyramides, depuis les rampes glacées du Splügen jusqu'aux plaines fécondes et riantes de l'Italie et de l'Espagne, depuis Madrid jusqu'à Moscou, depuis Constantine jusqu'à Zaatcha. Tour à tour vivandière, chirurgien, sœur de charité, soldat au besoin, mais toujours femme, mère, compagne du soldat, elle a vu les côtés terribles, les côtés pittoresques et les côtés poétiques de la vie des camps ; elle a assisté aux sublimes horreurs des champs de bataille, aux spectacles sanglants et enivrants ; elle a vu passer les ouragans de cavalerie qui ébranlent le sol et disparaissent dans un nuage de fumée et de sang ; elle a parcouru Eylau, Friedland et Essling, au milieu d'un monceau de cadavres et des cris de douleur des blessés et des mourants. Puis, elle s'est reposée sur les dalles de marbre des palais des Maures, à Séville, et sur les bords fleuris de la Guadiana ; elle a entendu les chants des gondoliers sur les rives du Tage et de l'Arno, et franchi les glaçons de la Bérézina. La vivandière, enfin, est entrée avec la tête de colonne de nos armées victorieuses, à Rome, à Naples, à Berlin, à Varsovie, à Moscou. Victoires et revers, succès et défaites, plaisirs et misères, elle a tout vu, tout bravé, tout partagé avec nos soldats. »

Thérèse Jourdan fut une de ces femmes. Elle naquit à Besançon en 1768 et,

RETRAITE DE RUSSIE.

en 1783, elle épousa Jean Patru, qui devint sergent dans la 69e demi-brigade. Elle fut de la campagne d'Italie et de l'expédition d'Égypte. Son mari y était, elle l'y suivit.

La guerre finie, Thérèse revient en France, mais bientôt on la voit à Austerlitz, à Iéna, à Eylau et à Friedland, sur les rives de l'Elbe, de la Vistule et du Niemen, puis en Espagne et en Portugal; enfin à Essling et à Wagram.

En 1812, elle voit tomber son mari mortellement frappé à la bataille de la Moskowa. Moscou, Lutzen, Bautzen, Leipzig la trouvent à son rang.

A Waterloo, Thérèse était toujours là.

Lors de la réorganisation de l'armée, Thérèse Jourdan fut attachée au 4e régiment d'infanterie, avec lequel en 1823, elle retourna en Espagne. Puis, de 1830 à 1834, elle fait la campagne d'Afrique où on la retrouve encore de 1856 à 1860. A cette époque, son régiment fut envoyé à Issoudun ; elle y alla avec lui et vécut encore deux années, pensionnée par les officiers, nourrie comme les soldats, entourée du respect et de l'affection de tous.

« La veuve de Jean Patru a survécu à toute sa postérité disent MM. Tranchant et Ladimir, dans *les femmes militaires de France*; sans famille, mais comptant autour d'elle de nombreux amis, elle n'a cessé de montrer dans son humble condition une résignation et un désintéressement dignes de son courage.

« Le jour de ses obsèques, le bataillon de dépôt tout entier, composé de six cents hommes, assista à son convoi ; un sergent-major prononça sur sa tombe un discours dans lequel il rendit un éclatant et légitime hommage à la mémoire vénérée de cette femme extraordinaire, qui, malgré tant de fatigues au-dessus de son sexe, n'a succombé que dans la quatre-vingt-quatorzième année de son âge. »

Sur ces quatre-vingt-quatorze années, Thérèse Jourdan en avait passé soixante-dix-neuf dans l'armée !...

FÉLICITÉ ET THÉOPHILE DE FERNIG

'EST pendant la Révolution que les sœurs de Fernig rendirent leur nom célèbre, comme officiers d'état-major de Dumouriez, de Beurnonville et du duc de Chartres ; elles combattirent à Jemmapes, à Valmy, à Anderlecht, à Nerwinde.

Elles étaient filles d'un ancien officier dont les deux fils servaient à l'armée. Elles naquirent à Mortagne (Nord), Félicité en 1776, Théophile en 1779.

En 1792, lorsque l'invasion menaça la France de tous les côtés à la fois, les uhlans de Clairfayt franchissaient souvent la frontière belge pour venir piller et incendier sur le territoire français. Aussi des gardes nationales s'étaient armées dans la plupart des villages voisins de la frontière pour résister aux incursions de l'ennemi. A Mortagne c'était M. de Fernig, le père de nos jeunes filles, qui était le chef et son ardeur patriotique avait enflammé le cœur des villageois de son canton. Chaque nuit, il organisait des rondes et souvent il en venait aux mains avec les uhlans. Ce que voyant, les jeunes filles, inquiètes pour leur père et poussées par leur patriotisme, se mêlèrent aux soldats improvisés que conduisait M. de Fernig, et habillées en hommes, armées de fusils de chasse, elles prirent part à plusieurs rencontres. Seuls, quelques paysans savaient leur secret.

Et ici, nous céderons la plume à Lamartine qui, dans les *Girondins*, parle en ces termes des deux jeunes filles.

« Cependant Beurnonville, qui commandait le camp de Saint-Amand, à peu de distance de l'extrême frontière, ayant entendu parler de l'héroïsme des volontaires de Mortagne, monta à cheval à la tête d'un fort détachement de cavalerie et vint balayer le pays de ces fourrageurs de Clairfayt. En approchant de Mortagne, au point du jour, il rencontra la colonne de M. de Fernig. Cette troupe rentrait au village après une nuit de fatigue et de combat, où les coups de feu n'avaient cessé de retentir sur toute la ligne, et où M. de Fernig avait été délivré lui-même par ses filles des mains d'un groupe de hussards qui l'entraînaient prisonnier. La colonne, harassée, ramenant plusieurs hussards blessés et cinq prisonniers, chantait la *Marseillaise* au son d'un seul tambour déchiré de balles.

« Beurnonville arrêta M. de Fernig, le remercia au nom de la France, et, pour honorer le courage et le patriotisme de ses paysans, voulut les passer en revue avec tous les honneurs de la guerre.

« Le jour commençait à poindre. Ces braves gens s'alignèrent sous les arbres, fiers d'être traités en soldats par le général français. Mais, descendu de cheval et passant devant le front de cette petite troupe, Beurnonville s'aperçut que deux des plus jeunes volontaires, cachés derrière les rangs, fuyaient ses regards et passaient furtivement d'un groupe à l'autre pour éviter d'être abordés par lui.

« Ne comprenant rien à cette timidité dans des hommes qui portaient le fusil, il pria M. de Fernig de faire approcher ces braves enfants. Les rangs s'ouvrirent et laissèrent à découvert les deux jeunes filles ; mais leurs habits d'hommes, leurs visages défigurés par la fumée de la poudre des coups de feu tirés pendant le combat, leurs lèvres noircies par les cartouches qu'elles avaient déchirées avec les dents, les rendaient méconnaissables aux yeux mêmes de leur propre père.

« M. de Fernig fut surpris de ne pas connaître ces deux combattants de sa petite armée.

« — Qui êtes-vous? leur demanda-t-il d'un ton sévère.

« A ces mots, un chuchotement sourd, accompagné de sourires universels, courut dans les rangs. Théophile et Félicité, voyant leur secret découvert, tombèrent à genoux, rougirent, pleurèrent, sanglotèrent, se dénoncèrent, et implorèrent, en entourant de leurs bras les jambes de leur père, le pardon de leur pieuse supercherie.

« M. de Fernig embrassa ses filles en pleurant lui-même. Il les présenta à Beurnonville, qui raconta cette scène dans sa dépêche à la Convention. La Convention cita le nom de ces deux jeunes filles à la France, et leur envoya des chevaux et des armes d'honneur au nom de la patrie. »

Une autre fois, le courage des deux jeunes filles fut publiquement félicité dans une lettre lue à la Convention le 3 octobre 1792.

Cette lettre, émanant des commissaires envoyés à Châlons, se terminait ainsi :

« Ces deux jeunes enfants, aussi modestes que courageuses, sont sans cesse aux avant-gardes et dans les postes les plus périlleux. Au milieu de l'armée, composée de jeunes citoyens, elles sont respectées et honorées; c'est toujours le prix de la vertu. »

Cependant les deux jeunes filles fixèrent l'attention de Dumouriez, qui les donna en exemple à ses soldats. Leur renom fut tel que, lors de nos revers, les Autrichiens, par vengeance, brûlèrent leur maison. De ce jour, le père et les filles n'eurent plus d'autre foyer que les feux du bivouac. Le père, l'un des fils et les deux filles firent alors avec Dumouriez la campagne de l'Argonne, en qualité d'officiers d'état-major. Félicité et Théophile combattirent à Valmy et à Jemmapes : Félicité servait d'aide de camp au duc de Chartres, Théophile portait les ordres et donnait l'assaut avec le général en chef.

Lamartine, dans un autre passage, relate la suite de leurs aventures.

« Dans une rencontre entre l'avant-garde française et l'arrière-garde autrichienne, une des jeunes amazones de Fernig, Félicité, qui portait les ordres de Dumouriez à la tête des colonnes, entraînée par son ardeur, se trouva enveloppée, avec une poignée de hussards français, par un détachement de uhlans ennemis. Dégagée avec peine des sabres qui l'enveloppaient, elle tournait bride avec un groupe de hussards pour rejoindre la

colonne, quand elle aperçoit un jeune officier de volontaires belges de son parti, renversé de cheval d'un coup de feu et se défendant de son sabre contre les uhlans qui cherchaient à l'achever. Bien que cet officier lui fût inconnu, à cet aspect Félicité s'élance au secours du blessé, tue de deux coups de pistolet deux des uhlans, met les autres en fuite, descend de cheval, relève le mourant, le confie à ses hussards, le fait porter, l'accompagne, le recommande elle-même à l'ambulance et revient rejoindre son général.

« Ce jeune officier belge s'appelait Van der Walen. Laissé après le départ de l'armée française, dans les hôpitaux de Bruxelles, il oublia ses blessures, mais il ne put oublier la secourable apparition qu'il avait eue sur le champ de carnage. Ce visage de femme sous les habits d'un compagnon d'armes, se précipitant dans la mêlée pour l'arracher à la mort et penchée ensuite à l'ambulance sur son lit sanglant, obsédait sans cesse son souvenir. Quand Dumouriez eut fui à l'étranger et que l'armée eut perdu la trace des deux jeunes guerrières qu'il avait entraînées dans son infortune et dans son exil, Van der Walen quitta le service militaire et voyagea en Allemagne à la recherche de sa libératrice. Il parcourut longtemps en vain les principales villes du Nord sans pouvoir obtenir aucun renseignement sur la famille de Fernig. Il la découvrit enfin réfugiée au fond du Danemark. La reconnaissance se changea en amour pour la jeune fille qui avait repris les habits, les grâces et la modestie de son sexe.

« Il l'épousa et la ramena dans sa patrie. »

Cependant la situation des deux sœurs ne fut pas toujours heureuse, car on trouve dans une lettre signée d'elles, et datée du 28 thermidor an VIII, le passage suivant :

« Ainsi donc, la misère nous chasse d'une patrie pour laquelle nous avons tout sacrifié. Nous partons en l'adorant toujours. Abattues par le chagrin le plus dévorant, nous retournons en Hollande, cette terre hospitalière, y consoler notre famille languissante (1). »

Ce ne fut qu'en 1802 que les deux sœurs revinrent en France. Théophile mourut à Bruxelles en 1818, à peine âgée de trente-neuf ans. Elle a laissé quelques poésies où sont empreintes tour à tour la plus fière énergie et la plus douce sensibilité. Félicité, devenue madame Van der Walen, ne mourut qu'en 1833.

La même tombe contient leurs dépouilles.

(1) *Lettre adressée au secrétaire général de la préfecture.*

MADAME LAURIN

La funeste guerre de 1870 a coûté à notre patrie des flots du meilleur sang, des milliards et des provinces, mais que d'actes de courage et d'héroïsme elle a mis en lumière et aussi que de dévouements sont restés inconnus ! Cependant, il en est auxquels une tardive justice a été rendue. Tel est le cas de madame Laurin à laquelle le *Zéramma*, de Philippeville, consacra ces lignes au sujet de la médaille militaire qui lui fut remise.

« En 1870, madame Laurin quitta l'Algérie avec le régiment (3ᵉ zouaves, où elle était cantinière) et le suivit sur les champs de bataille, où, malgré une énergie féroce et une valeur chevaleresque, il devait, hélas ! succomber sous le nombre.

« Madame Laurin fut digne des héros qui combattaient et mouraient à ses côtés. La nuit la surprit, imprudente jusqu'à la témérité, s'attardant à donner ses soins à un pauvre officier blessé.

« C'était au moment même où une charge furieuse de uhlans cherchait à déborder l'arrière-garde et madame Laurin, prise dans le remous, allait être prisonnière, quand, le revolver au poing, elle se jeta vers les siens, abattit à ses pieds un officier allemand et un uhlan, et fut assez heureuse, grâce à un audacieux retour offensif des zouaves, pour rejoindre le drapeau.

« Hélas ! cet héroïsme n'empêcha pas la valeureuse cantinière d'être prise quelques jours après, et elle connut les douleurs de la captivité.

« Elle ne resta pas longtemps sur la terre d'exil et réussit à s'évader.

« Elle courut à Strasbourg se mettre à la disposition de l'autorité militaire.

« Là elle subit toutes les horreurs du siège, et ce n'est qu'après la signature de la paix qu'elle revit son cher 3e zouaves.

« Depuis madame Laurin est attachée au dépôt de Phillippeville, où elle est respectée comme épouse irréprochable et comme mère de famille modèle.

« La médaille militaire sur la poitrine de cette vaillante cantinière honore le régiment tout entier, et c'est avec fierté que les zouaves lui font le salut militaire. »

JULIETTE DODU

ULIETTE Dodu est créole ; elle est née à la Réunion en 1850. Son père, qui était chirurgien de marine, et ses deux frères, qui étaient officiers, sont morts au service de la France. Juliette ne devait pas mentir à sa race et, elle aussi, sut braver la mort pour son pays.

C'était en 1870, pendant cette guerre qui vit notre sol souillé par l'invasion. Juliette habitait Pithiviers, où sa mère était directrice du bureau télégraphique ; elles s'aidaient toutes deux et les dépêches passaient par leurs mains. Les Allemands couvraient déjà tout l'Est, et la ville de Pithiviers était en leur pouvoir. Ce fut alors que, poussée par son amour de la patrie, Juliette s'exposa à être fusillée en rendant à l'armée un service immense.

« Vers la fin de novembre, dit M. Honoré Arnoul dans le rapport qu'il adressa aux autorités au sujet de la jeune fille, l'état-major prussien, établi à Orléans, passait au prince Frédéric-Charles, à Pithiviers, une dépêche indiquant la situation exacte d'un corps français en marche sur Gien, et les manœuvres nécessaires pour l'envelopper.

« Le premier soin des Allemands avait été de s'emparer du télégraphe et de reléguer mademoiselle Dodu dans sa chambre. Or, dans cette chambre passait le fil de la station. Dérober aux Prussiens leurs confidences militaires en attachant un autre fil qui passerait à travers les appareils de transmission qu'elle avait emportés dans sa chambre, était une manœuvre de nature à se faire fusiller. Mademoiselle Dodu n'hésita pas. Elle porta au sous-préfet une dépêche allemande que celui-ci fit traduire et expédier au général français.

JULIETTE DODU.

« Les Prussiens faisaient bonne garde. Deux exprès furent tués, le troisième arriva. Le corps d'armée fut sauvé.

Cependant, à côté des traits les plus admirables, on est souvent forcé de constater les actions les plus basses. Ce fut ce qui arriva pour mademoiselle Dodu. Tandis que grâce à son dévouement et à son zèle, des messagers se faisaient tuer pour traverser les lignes ennemies et porter aux troupes françaises un avis salutaire, tandis que tous les cœurs vibraient de patriotisme, la lâcheté et la trahison veillaient.

Une servante, pour quelque argent d'Allemagne, dénonça mademoiselle Dodu qui fut arrêtée et condamnée à être passée par les armes. Le courage de la jeune fille ne faiblit pas à l'annonce de cette mort glorieuse et, pensant à ceux de sa famille qui l'avaient devancée dans la tombe, elle attendit avec calme l'heure où on la conduirait au poteau.

Cependant elle ne devait pas mourir. Le prince Frédéric-Charles lui fit grâce et ne pût s'empêcher de la féliciter de son courage et de son patriotisme.

Mademoiselle Dodu porte depuis 1877 la médaille militaire, et en 1878 elle reçut la croix.

LES ÉDUCATRICES

MADAME DE MAINTENON

RANÇOISE d'Aubigné, marquise de Maintenon, naquit à Niort le 27 novembre 1635. Son père, Constant d'Aubigné, fils de l'illustre poète protestant Agrippa d'Aubigné, était détenu au donjon de Niort sous l'accusation d'entretenir des intelligences avec l'Angleterre; il avait mené la vie à la diable, tué sa première femme — si l'on en croit le témoignage d'Agrippa d'Aubigné — et s'était remarié avec la fille d'un de ses geôliers, Jeanne de Cardillac, fille du gouverneur du Château-Trompette, à Bordeaux, où il avait aussi été incarcéré. Jeanne de Cardillac fut la mère de la future marquise de Maintenon. Constant d'Aubigné était sur le point de partir pour la Caroline avec sa femme, lorsque ses accointances avec les Anglais parurent louches et lui valurent une lettre de cachet; ce fut donc dans une prison d'État que Françoise vit le jour.

En 1639, Constant d'Aubigné obtint sa liberté et partit pour la Martinique, où il mourut. Sa femme revint en France avec deux enfants, Françoise d'Aubigné et un fils qui fut, comme son père, un fort mauvais sujet. Jeanne rentrait dans sa patrie plus pauvre encore qu'elle n'en était partie; elle n'avait rien à attendre de la famille de son mari dont tous les membres, indignés de la conduite de Constant, s'étaient depuis longtemps éloignés de lui. Seule sa sœur, madame de Villette, l'avait aimé malgré tout d'une affection profonde et n'avait jamais rompu ses relations avec lui. Elle savait qu'il avait eu une préférence toute particulière pour la petite Françoise ; aussi offrit-elle à la pauvre Jeanne de se charger de l'enfant qu'elle emmena au château de Mursay.

Françoise était, par sa naissance, destinée au culte catholique. Mais madame de Villette, qui était calviniste, la fit élever dans la religion réformée.

Françoise vécut très heureuse chez sa tante jusqu'à l'âge de douze ans (1647). A cette époque une vieille parente, madame de Neuillant, obtint d'Anne d'Autriche l'autorisation d'enlever l'enfant à madame de Villette et de l'élever chez elle.

Madame de Neuillant, qui était catholique, entreprit de faire embrasser cette religion à Françoise. N'y parvenant pas, elle fit entrer la jeune fille au couvent des Ursulines, où, après deux ans d'instruction, elle se décida à abjurer.

En quittant le couvent des Ursulines, elle vint rejoindre sa mère qui vivait presque misérablement dans un petit logement de la rue des Tournelles.

Cette même année (1649), elles furent présentées par madame de Neuillant au poète burlesque Scarron.

Il s'intéressait vivement à l'orpheline, et tout estropié qu'il était, cloué par la paralysie sur son fauteuil, il la demanda en mariage. Il offrait même, si elle le refusait, de payer sa dot dans un couvent, afin de la soustraire à d'imminents dangers.

Françoise refusa l'une et l'autre de ces propositions et, quelques mois plus tard partit pour Niort avec sa mère qui y mourut, à peine arrivée. Françoise revint à Paris chez madame de Neuillant. Mais celle-ci était d'une avarice extrême. Aussi la jeune fille, comprenant qu'elle lui était à charge et se trouvant absolument sans ressources, se décida à épouser Scarron (juin 1652). Elle avait alors dix-sept ans.

Scarron, très honnête homme au fond, d'un esprit original et fertile, très gai malgré les infirmités qui l'accablaient, réunissait chez lui une excellente société. Sa maison était le rendez-vous de tout ce que la cour et la ville comptaient de plus aimable, de plus distingué : Vivonne, Hénault, Marigny, Pellisson, Grammont, de Beuvron, de Villars, bien d'autres encore aimaient à se réunir autour de la chaise longue du cul-de-jatte.

La jeune femme fit là ses premières connaissances sérieuses, et plus tard elle en rendit témoignage. « Lorsque je fus, dit-elle, avec ce pauvre estropié, je me trouvai dans le beau monde, où je fus recherchée et estimée. Les femmes m'aimaient, parce que j'étais douce dans la société et que je m'occupais plus des autres que de moi-même. Les hommes me suivaient parce que j'avais de la beauté et les grâces de la jeunesse. J'ai vu de tout, mais toujours de façon à me faire une réputation sans reproche. Le goût qu'on avait pour moi était plutôt une amitié d'estime. Je ne voulais point être aimée en particulier de qui que ce fût; je voulais l'être de tout le monde, faire prononcer mon nom avec admiration et respect, jouer un beau personnage et avoir l'approbation des honnêtes gens.... C'était là mon idole. Il n'y a rien que je n'eusse été capable de faire et de souffrir pour faire dire du bien de moi. Je me contraignais beaucoup, mais cela ne me coûtait rien, pourvu que j'eusse une belle réputation. C'était ma folie. Je ne me souciais pas de richesses; j'étais élevée de cent piques au-dessus de l'intérêt, mais je voulais de l'honneur. »

Dès cette époque, madame Scarron était connue par son esprit; c'est le temps où elle faisait oublier l'absence du rôti à ses convives en leur racontant une anecdote, et les gens haut placés qu'elle connut autour du *pauvre estropié*, comme elle l'appelle, la servirent volontiers lorsque, Scarron étant mort (1660), elle retomba dans la plus grande détresse.

Scarron ne vivait que de pensions, et elles s'éteignirent avec lui. Il en avait entre autres une fort bizarre, celle de malade en titre de la reine mère. Françoise d'Aubigné en sollicita la survivance; Mazarin répondit d'un ton goguenard : « Est-elle malade? — Non. — Eh bien, comment voulez-vous qu'étant en bonne santé, elle ait la charge de malade en titre? » Pourtant Anne d'Autriche lui fit transmettre une rente de 2000 livres, au moyen de laquelle elle se réfugia aux Ursulines, ce qui ne l'empêcha pas d'aller dans le monde. Elle était surtout assidue à l'hôtel d'Albret et à l'hôtel de Richelieu.

A la mort d'Anne d'Autriche (1666), Françoise cessa momentanément de recevoir sa pension; heureusement pour elle, un brevet du roi la lui fit bientôt rendre, au moment même où elle se disposait à accepter un emploi auprès de la reine de Portugal. Toutefois, après avoir bien réfléchi, elle ne put se résoudre à quitter la France où d'ailleurs elle trouva bientôt une situation qui devait assurer sa fortune.

Elle avait rencontré à l'hôtel d'Albret madame de Montespan, avec qui elle s'était liée. Appréciant comme elles le méritaient les sérieuses qualités de Françoise, madame de Montespan lui demanda de se charger de l'éducatiou de ses enfants.

Madame Scarron accepta cet emploi, bien fait, d'ailleurs, pour lui convenir. Si son instruction première avait été quelque peu négligée, elle en avait comblé les lacunes auprès de Scarron; elle avait appris le latin, l'italien et l'espagnol; de nombreuses lectures avaient étendu ses connaissances. De plus, elle avait la vocation de l'enseignement, vocation qui s'était dessinée de très bonne heure. Au couvent des Ursulines, elle apprenait à lire et à écrire aux plus jeunes élèves. Elle aimait beaucoup les enfants et savait admirablement se mettre à leur portée ; elle s'associait volontiers à leurs jeux, aussi bien qu'à leurs travaux et n'avait pas sa pareille pour les soins matériels à leur donner.

Elle s'acquitta donc à merveille de ses nouvelles fonctions. Elle aima comme s'ils eussent été les siens les enfants confiés à sa garde, le duc du Maine, surtout, dont la santé délicate exigeait des soins de tous les instants.

En 1673, Louis XIV ayant appelé à la cour les enfants de madame de Montespan, madame Scarron y vint habiter avec eux. Le roi, ayant eu l'occasion de s'entretenir avec elle, ne tarda pas à apprécier les qualités à la fois sérieuses

CHATEAU DE MAINTENON.

et agréables de son esprit, et conçut pour elle une estime très vive.

— Vous êtes bien raisonnable! dit-il un jour au petit duc du Maine.

— Il faut bien que je le sois, répondit l'enfant, j'ai une gouvernante qui est la raison même.

— Allez, reprit le roi, allez lui dire que vous lui donnez cent mille francs pour vos dragées.

Elle profita de ce bienfait pour acheter en 1674 la terre de Maintenon, dont elle prit le titre et le nom.

Ce fut pour elle une véritable joie que de prendre possession du domaine de Maintenon. « Mon cher frère, écrivait-elle à Charles d'Aubigné, je crois que nous passerons une assez jolie vieillesse, s'il peut y en avoir de jolie : nous ne mourrons pas de faim. »

En 1683 la reine mourut et vers la fin de 1685 l'archevêque de Paris, Harlay, en présence du confesseur et de deux autres témoins, célébrait le mariage secret du roi et de madame de Maintenon. Louis XIV avait alors quarante-huit ans ; elle en avait cinquante.

Le bonheur de madame de Maintenon fut de courte durée. Son élévation fut pour elle une espèce de retraite.

Asservie aux volontés de Louis XIV, elle fut en général uniquement occupée du soin de lui complaire, et cette servitude continuelle dans un âge avancé la rendit plus malheureuse que l''indigence dont elle avait eu à souffrir dans sa jeunesse.

Elle fut toujours, envers le roi, d'une prévenance, d'une égalité d'humeur sans pareilles. « Ma vie a été un miracle, disait-elle aux dames de Saint-Cyr; quand je pense que je suis née impatiente et que le roi ne s'en est jamais aperçu, quoique souvent je me sentisse à bout et prête à tout quitter ; que je suis née franche et qu'il me fallait toujours dissimuler. »

Toutefois, Louis XIV n'était pas sans apprécier cette abnégation complète de madame de Maintenon.

Il lui demandait souvent conseil et la tenait au courant de toutes les affaires de l'État. « Qu'en pense la Raison? » lui disait-il; ou bien : « Quel est l'avis de Votre Solidité »?

Quelque désintéressée qu'elle fût d'elle-même après son mariage avec Louis XIV, madame de Maintenon n'oublia pas ses amis.

Le marquis de Dangeau, Barillon, l'abbé Testu, Racine, Despréaux, Vardes, Bussy, Montchevreuil, mademoiselle de Scudéri, madame Deshoulières, n'eurent qu'à se féliciter de l'avoir connue.

Mais c'est surtout la fondation et l'organisation de Saint-Cyr qui l'absorbèrent tout entière; c'est dans cette œuvre que se révèle la vraie vocation de madame de Maintenon, celle d'institutrice.

Elle avait connu, chez madame de Montchevreuil, deux religieuses ursulines, mesdames de Saint-Pierre et de Brinon, qui avaient fondé à Montmorency une maison d'éducation où elles élevaient quelques jeunes filles pauvres. Madame de Maintenon s'intéressa vivement à cet établissement et y envoya un certain nombre de pensionnaires pour lesquelles elle payait 100 livres par an. Puis, afin de les pouvoir visiter plus fréquemment, elle loua à Rueil une maison qu'elle organisa de manière à recevoir soixante jeunes filles pauvres, nobles ou bourgeoises.

La maison de Rueil prospéra si rapidement qu'elle ne fut bientôt plus assez grande. Madame de Maintenon obtint alors du roi le transfert de l'établissement au château de Noisy, que Louis XIV venait d'acheter (1684). Les élèves furent partagées en quatre classes et portèrent un uniforme. On leur enseignait le catéchisme, le français, le calcul, la musique, et les travaux d'aiguille.

Madame de Maintenon prit l'habitude d'aller presque journellement à Noisy, qu'elle appelait son « lieu de délices ».

Elle s'occupait de tout, des classes, des repas auxquels elle assistait, admirablement secondée, d'ailleurs, par madame de Brinon à qui l'on avait laissé la direction de l'établissement.

La maison de Noisy acquit bientôt une grande renommée. Les dames de la cour demandèrent à la venir visiter. Enfin Louis XIV lui-même y vint et fut tellement émerveillé de ce qu'il y vit qu'il conçut le projet d'un établissement

MADAME DE MAINTENON.

plus vaste encore, où l'on élèverait jusqu'à l'âge de quinze ans cinq cents jeunes filles pauvres appartenant à la noblesse. Mais, après délibération du conseil, il fut décidé qu'on n'admettrait que deux cent cinquante pensionnaires, mais qu'on les garderait jusqu'à l'âge de vingt ans et trois mois, après quoi une dot de mille écus leur serait constituée, soit pour se marier, soit pour entrer au couvent.

Le château de Noisy n'étant plus assez vaste pour la réalisation de ce projet, le roi acheta à Saint-Cyr, aux environs de Versailles, un domaine sur lequel Mansard fut chargé d'élever une maison. La construction en étant achevée en 1686, on y transféra la communauté de Noisy.

Pour entrer à Saint-Cyr, les jeunes filles devaient être âgées de sept ans au moins, de douze ans au plus. Elles ne sortaient jamais. Quatre fois par an, seulement, les membres de leurs familles étaient autorisés à les venir visiter. Toutefois, si la claustration des élèves était complète, il faut constater que la discipline n'était pas d'une rigueur exagérée, à Saint-Cyr. Les punitions sévères ne devaient être infligées que dans les cas d'infractions graves à la règle. Les maîtresses avaient mission de causer avec leurs élèves, de partager leurs jeux, d'égayer les récréations.

L'enseignement fut donné au début, dans un esprit très large. Les jeunes filles étaient exercées à la conversation. On leur faisait énoncer des jugements sur ce qu'elles avaient lu et déclamer les œuvres des poètes; on leur apprenait à bien écrire. Madame de Maintenon tenait à ce « qu'elles ne fussent pas si neuves quand elles s'en iraient, que le sont la plupart des filles qui sortent des couvents, et qu'elles sussent des choses dont elles ne fussent point honteuses dans le monde ».

Bientôt, même, des représentations dramatiques furent organisées. Les jeunes filles jouèrent *Andromaque*; mais elles entrèrent si bien dans leurs rôles que madame de Maintenon résolut de ne plus leur laisser interpréter des pièces de ce genre. Elle demanda à Racine d'en composer exprès pour « ses filles », et le 26 janvier 1689 eut lieu à Saint-Cyr, en présence du roi, la première représentation d'*Esther*. D'autres représentations suivirent, auxquelles toute la cour assista. Voici ce qu'écrivit à ce propos madame de Sévigné :

« Nous allâmes samedi à Saint-Cyr, madame de Coulanges, madame de Bagnols, l'abbé Testu et moi. Nous trouvâmes nos places gardées : un officier dit à madame de Coulanges que madame de Maintenon lui faisait garder un siège auprès d'elle ; vous voyez quel honneur. « Pour vous, madame, me dit-il, vous pouvez choisir. » Je me mis avec madame de Bagnols au second banc derrière les duchesses. Le maréchal de Bellefond vint se mettre par choix à mon côté droit, et devant c'étaient mesdames d'Auvergne, de Coislin et de Sully; nous écoutâmes, le maréchal et moi, cette tragédie avec une attention qui fut remarquée, et de certaines louanges sourdes et bien placées qui n'étaient peut-être pas sous les fontanges de toutes les dames. Je ne puis vous dire l'excès de l'agrément de cette pièce ; c'est une chose qui n'est pas aisée à représenter et qui ne sera jamais imitée ; c'est un rapport de la musique, des vers, des chants, des personnes, si parfait et si complet qu'on n'y souhaiterait rien ; les filles qui font des rois et des personnages sont faites exprès : on est attentif et on n'a point d'autre peine que celle de voir finir une si aimable pièce ; tout y est simple, tout y est innocent, tout y est sublime et touchant : cette fidélité de l'histoire sainte donne du respect; tous les chants convenables aux paroles, qui sont tirées des Psaumes et de la *Sagesse*, et mis dans le sujet, sont d'une beauté qu'on ne soutient pas sans larmes : la mesure de l'approbation qu'on donne à cette pièce, c'est celle du goût et de l'attention. J'en fus charmée et le maréchal aussi, qui sortit de sa place pour aller dire au roi combien il était content et qu'il était auprès d'une dame qui était bien digne d'avoir vu *Esther*. Le roi vint vers nos places et après avoir tourné, il s'adressa à moi et me dit : « Madame, je suis assuré que vous avez été contente. » Moi, sans m'étonner, je répondis : « Sire, je suis charmée, ce que je sens est au-dessus des paroles. » Le roi me dit : « Racine a bien de l'esprit. » Je lui dis : « Sire, il en a beaucoup, mais, en vérité, ces jeunes personnes en ont beaucoup aussi; elles entrent dans le sujet comme si elles n'avaient jamais fait autre chose. — Ah! pour cela, reprit-il, il est vrai. »

Le 5 avril 1691, eut lieu à Saint-Cyr la première représentation d'*Athalie*. Le succès des jeunes actrices surpassa celui qu'elles avaient obtenu pour

Esther, à tel point qu'elles en tirèrent vanité, devinrent fières et ne s'entretinrent plus que des représentations. Madame de Maintenon s'en alarma et s'en accusa en même temps. On en trouve une preuve dans la lettre qu'elle adressa à madame de Fontanes, maîtresse générale des classes : « La peine que j'ai sur les filles de Saint-Cyr, dit-elle, ne se peut réparer que par le temps et par un changement entier de l'éducation que nous leur avons donnée jusqu'à cette heure ; il est bien juste que j'en souffre puisque j'y ai contribué plus que personne, et je serai bien heureuse si Dieu ne m'en punit pas plus sévèrement.

« Mon orgueil s'est répandu par toute la maison et le fonds en est si grand qu'il l'emporte même par-dessus mes bonnes intentions. Dieu sait que j'ai voulu établir la vertu à Saint-Cyr, mais j'ai bâti sur le sable. N'ayant point vu ce qui seul peut faire un fondement solide, j'ai voulu que les filles eussent de l'esprit, qu'on élevât leur cœur, qu'on formât leur raison ; j'ai réussi à ce dessein ; elles ont de l'esprit et s'en servent contre nous ; elles ont le cœur élevé et sont plus fières et plus hautaines qu'il ne conviendrait de l'être aux plus grandes princesses ; à parler même selon le monde, nous avons formé leur raison, et fait des discoureuses, présomptueuses, curieuses, hardies. C'est ainsi que l'on réussit quand le désir d'exceller nous fait agir ».

A partir de ce moment, fut adopté à Saint-Cyr un plan de réforme absolue. Plus de représentations dramatiques, plus de poésie ni de déclamations, plus ou presque pas de lectures profanes ; l'histoire ne fut plus enseignée que d'une façon tout à fait élémentaire.

Par contre une part plus grande fut faite aux travaux des mains.

« Apprenez à vos filles, dit madame de Maintenon, à être extrêmement sobres sur la lecture, à lui préférer toujours l'ouvrage des mains, les soins du ménage, les devoirs de leur état. »

« Nos filles, écrivait-elle encore à madame de Fontanes, ont été trop considérées, trop caressées, trop ménagées ; il faut les oublier dans leurs classes,

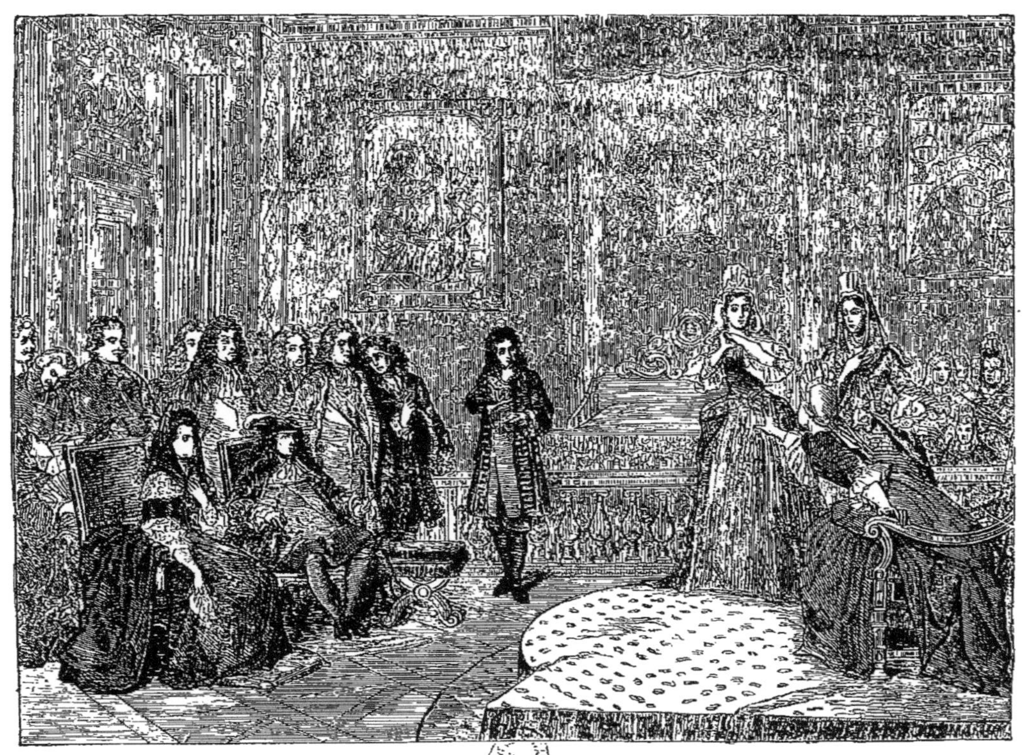

REPRÉSENTATION D'ESTHER A SAINT-CYR.

leur faire garder le règlement de la journée et leur peu parler d'autre chose. »

Madame de Brinon, qui avait favorisé à Saint-Cyr le goût de la poésie et de la déclamation, fut remerciée, et, à la fin de l'année 1692, la maison de Saint-Cyr fut convertie en monastère.

Si la réforme opérée à Saint-Cyr restreignit le cadre de l'enseignement, elle ne porta aucune atteinte au système d'éducation proprement dit, admirablement fait pour préparer les jeunes filles à bien remplir leurs devoirs futurs dans la famille et dans la société. Dans les premiers temps qui suivirent la réforme, la discipline fut plus sévère, mais elle redevint par la suite ce qu'elle était au début, c'est-à-dire ferme et douce à la fois.

« Il faut, disait madame de Maintenon aux maîtresses de classes, il faut prendre vos élèves avec adresse, les encourager, les louer; en un mot il faut tout employer excepté la rudesse. »

Puis encore : « Il faut avoir une conduite proportionnée aux divers caractères; il faut une conduite ferme, mais il ne faut point trop gronder; il faut souvent fermer les yeux et ne point tout voir, et surtout prendre garde à ne point aigrir vos filles et à ne les pas pousser à bout indiscrètement. »

« Il faut, disait-elle aussi, leur soulager l'obéissance en leur rendant raison de tout ce qu'on leur refuse quand la chose d'elle-même paraît faisable.

« Avoir toujours beaucoup de complaisance pour tout ce que l'on peut accorder sans blesser la règle.

« Leur faire aimer la vertu en la leur montrant par ce qu'elle a de plus attirant pour elles.

« Se ménager de telle sorte dans son autorité, que la crainte n'empêche pas la liberté de l'esprit des enfants dans les temps de récréation.

« Leur former tout doucement les sentiments du cœur par beaucoup de mépris pour la lâcheté et la bassesse. »

On le voit, si madame de Maintenon supprimait presque entièrement les rapports des élèves avec leurs familles, elle tenait à ce que l'autorité des maîtresses eût quelque chose de maternel.

Elle-même ne désignait jamais les élèves que par ce nom « mes filles », les aimait d'une véritable affection, s'intéressait à chacune en particulier et s'efforçait de leur inculquer à toutes, dans ses *Entretiens* et ses *Conversations*, les préceptes d'une morale solide et pratique. D'autre part, les jeunes filles étaient initiées de bonne heure à la vie domestique. Les plus grandes habillaient les plus petites, plusieurs heures étaient consacrées chaque matin aux soins du ménage. Madame de Maintenon attachait une grande importance à ces sortes de travaux ; elle tenait à former des femmes actives et courageuses.

« Soyez bien aises, dit-elle, quand vous trouvez l'occasion de faire quelques ouvrages un peu grossiers; cela vous fortifie et vous est très bon. »

Elle exhorte aussi ses élèves à éviter la mollesse, à ne pas se laisser abattre par les mille petites indispositions auxquelles chacun est sujet. Elle les engage à « ne point s'accoutumer à chercher leurs aises ». « En quelque état que vous vous trouviez, dit-elle, il vous sera très avantageux d'avoir été élevées un peu durement. »

Néanmoins elle veut que le soin de leur santé ne soit point négligé. Leur nourriture est saine et abondante ; leurs vêtements commodes et chauds en hiver ; le travail doit être proportionné à l'âge et aux forces des enfants. « Je trouve fort bon, dit madame de Maintenon, que l'hiver, où la saison les contraint d'être renfermées tout le jour, une maîtresse qui voit un rayon de soleil puisse, sans être molle, profiter de ce beau temps passager pour les mener à la promenade. »

Les travaux de couture tenaient une grande place à Saint-Cyr, à la condition, toutefois, qu'ils fussent utiles. Les élèves étaient exercées à raccommoder leurs vêtements, à en confectionner de nouveaux ; les ouvrages de luxe n'étaient tolérés que très rarement. Madame de Maintenon considérait la couture comme le meilleur passe-temps en dehors des leçons ; « cela, disait-elle, occupe l'esprit et ne lui laisse pas le temps de penser au mal. » D'ailleurs elle prêchait d'exemple, car elle avait toujours un ouvrage en main.

Tels sont les différents principes sur lesquels reposait l'éducation à Saint-Cyr, et dont madame de Maintenon aida l'application de son action personnelle.

Pendant plus de trente ans, elle visita presque journellement cette maison qui lui était si chère. Elle s'y était fait réserver un appartement qu'elle vint habiter après la mort du roi (1715). Elle y mourut en 1719. Son tombeau, placé dans l'établissement qu'elle avait fondé, fut détruit pendant la Révolution.

Indépendamment des *Entretiens* et des *Conversations*, madame de Maintenon a laissé des *Lettres* et des *Mémoires* fort intéressants.

MADAME CAMPAN

Madame Campan fut une grande éducatrice, quelque chose comme un modèle d'institutrice.

Le 6 octobre 1752, naissait à Paris Jeanne-Louise-Henriette Genet, fille d'un commis au ministère des affaires étrangères qui, malgré de lourdes charges, ne négligea rien pour donner à ses enfants une éducation brillante. Henriette montra dès le plus jeune âge de grandes dispositions : elle apprit le chant avec Albanèze, l'italien avec Goldoni, et aussi l'anglais. Mais ce qu'elle aimait surtout c'était la lecture à haute voix et la déclamation. Sa réputation devint bientôt si grande que des personnes influentes demandèrent et obtinrent pour elle l'emploi de lectrice de Mesdames, filles de Louis XV ; ce fut ainsi qu'à quinze ans elle quitta la maison paternelle pour aller habiter le palais de Versailles.

Cependant, le père d'Henriette avait mis la jeune fille en garde contre les entraînements de la cour et les éblouissements du luxe, et, le jour où, pour la première fois, Henriette revêtit les paniers et la robe d'apparat, il lui donna ces sages conseils que nous retrouvons dans ses *Mémoires* :

« Les princesses, dit-il, vont se plaire à faire usage de vos talents : les grands ont l'art de louer avec grâce et toujours avec excès. Que les compliments ne vous procurent pas un plaisir trop vif, qu'ils vous mettent plutôt en défiance.

Chaque fois que vous recevrez ces témoignages flatteurs, vous aurez quelques ennemis de plus. Je vous préviens, ma fille, des peines inévitables attachées à votre nouvelle carrière, et je vous proteste, dans ce jour où vous jouissez avec transport de votre heureuse fortune, que si j'avais pu vous établir autrement, jamais je n'aurais livré ma fille chérie aux tourments et aux dangers des cours. »

Lorsque Henriette fut présentée à Versailles, Marie Leczinska, femme de Louis XV, venait de mourir. Tout dans le palais était tendu de noir et la jeune lectrice fut tellement émotionnée qu'elle ne put prononcer plus de deux phrases. Cependant, au bout de quelques jours, elle commença à mieux comprendre sa position.

Voici du reste ce qu'en dit Barrière dans ses *Mémoires relatifs à l'histoire de France* :

« Mademoiselle Genet ne quittait pas l'appartement de ces dames; mais elle s'était particulièrement attachée à Madame Victoire. Cette princesse avait été belle; sa conversation était douce, facile et simple. Mademoiselle Genet lui inspirait ce sentiment qu'une femme âgée, mais affectueuse, accorde volontiers aux jeunes personnes qu'elle voit grandir sous ses yeux et qui possèdent déjà des talents utiles. Des journées entières se passaient à lire auprès de la princesse, qui travaillait dans son appartement. »

Mademoiselle Genet s'intimidait toujours à la vue de Louis XV qui, du reste, avait un penchant pour la raillerie et qui ne lui ménagea pas les sarcasmes.

« Malgré la beauté de ses traits, dit-elle, il inspirait une sorte de crainte. J'étais bien jeune, il est vrai, lorsqu'il m'adressa la parole pour la première fois; s'il fut gracieux, vous allez en juger :

« Le roi sortait pour aller à la chasse; un service nombreux le suivait. Il s'arrête en face de moi.

« Mademoiselle Genet, me dit-il, on assure que vous êtes fort instruite, que vous savez quatre ou cinq langues étrangères.

— Je n'en sais que deux, Sire, répondis-je en tremblant.

— Lesquelles ?

— L'anglais et l'italien.

— Les parlez-vous familièrement?

— Oui, Sire, très familièrement.

— Eh bien, en voilà assez pour faire enrager un mari.

« Après ce joli compliment, le roi continua sa route ; la suite me salue en riant, et moi je reste quelques instants étourdie, confondue, à la place où je venais de m'arrêter. »

Lorsque Marie-Antoinette devint la femme du dauphin, au mois de mai 1770, elle n'eut pour société intime que celle de Mesdames, et elle se lia plus particulièrement avec Madame Victoire dont le caractère était très sympathique. C'était donc dans l'appartement de cette princesse que la dauphine passait la majeure partie de son temps. Là, elle rencontra mademoiselle Genet avec qui elle causait en langue italienne; souvent elles faisaient ensemble de la musique, et bientôt mademoiselle Genet devint femme de chambre de Marie-Antoinette.

Ce fut sur ces entrefaites que mademoiselle Genet devint madame Campan. A l'occasion de son mariage, elle reçut de Louis XV une dot de cinq mille livres de rente. Elle rendit le nom de Campan célèbre, en écrivant ces *Mémoires* qui ont fourni aux historiens de si précieux documents sur les faits qui ont signalé le règne de Louis XVI.

Louis XVI avait donné à Marie-Antoinette le domaine de Trianon où la reine se plaisait beaucoup. Et madame Campan, qui vivait dans l'intimité de la famille royale, profitait de sa situation pour noter au jour le jour les faits qui se passaient sous ses yeux.

C'est ainsi qu'elle traça le portrait de Louis XVI :

« Il avait, dit-elle, des traits assez nobles, empreints d'une teinte mélancolique; sa démarche était lourde et sans noblesse, sa personne plus que négligée. Son organe, sans être dur, n'avait rien d'agréable; s'il s'animait en parlant, il lui arrivait souvent de passer du médium de sa voix à des sons aigus...

« Il montrait malheureusement un goût trop vif pour les arts mécaniques. La menuiserie et la serrurerie lui plaisaient au point qu'il admettait dans son intérieur un garçon serrurier avec lequel il forgeait des clefs et des serrures. Son précepteur, l'abbé de Radonvilliers, lui avait donné l'amour du travail. Le roi continuait à s'instruire. Il savait parfaitement la langue anglaise et traduisait les passages les plus difficiles du poème de Milton (1). Il était géographe habile et se plaisait à tracer et à lever des cartes. Il connaissait très bien l'histoire. »

Cependant les *Mémoires* de madame Campan se ressentent de l'affection et de la reconnaissance qu'elle avait vouées à la famille royale, et parfois elle est amenée par son cœur à juger les faits d'une façon peu impartiale. Mais, laissant à part les appréciations personnelles et ne considérant que l'exactitude des faits, on est obligé de reconnaître que ces *Mémoires* sont la peinture fidèle du règne de Louis XVI.

Lorsque, par suite des événements politiques, le rôle de confidente eut pris fin, madame Campan, qui, dans la tourmente révolutionnaire, avait perdu sa sœur, se retira dans la vallée de Chevreuse où elle se consacra à l'éducation de ses nièces.

« Un mois après la chute de Robespierre, écrivit-elle plus tard, je pensai qu'il fallait vivre et faire vivre une mère âgée de soixante-dix ans, mon mari malade, mon fils âgé de neuf ans, et une partie de ma famille ruinée. Je n'avais plus rien au monde qu'un assignat de 500 francs. J'avais signé pour 30 000 francs

(1) *The Paradise lost* (le Paradis perdu).

de dettes pour mon mari. Je choisis Saint-Germain pour y établir une pension. Cette ville ne me rappelait pas comme Versailles les temps heureux, et m'éloignait de Paris où résidaient des gens que je ne voulais pas connaître.

« Je n'avais pas le moyen de faire imprimer mon prospectus ; j'en écrivis cent et les envoyai aux personnes de ma connaissance qui avaient survécu à nos horribles crises. Au bout d'un an, j'avais 60 élèves : bientôt après 100. Je rachetai des meubles, je payai mes dettes. J'étais heureuse d'avoir trouvé cette ressource si éloignée de toute intrigue. »

Le succès de madame Campan était donc complet. Cependant de cette institution devait sortir un jour la maison d'éducation de la Légion d'honneur.

Cédons encore la plume à madame Campan qui va nous expliquer par quel enchaînement de circonstances son pensionnat devint un établissement officiel.

« Un homme de lettres, ami de madame de Beauharnais, parla de ma maison à cette dame. Elle m'amena sa fille Hortense de Beauharnais et sa nièce Émilie de Beauharnais. Six mois après, elle vint me faire part de son mariage avec un gentilhomme corse, élève de l'École militaire et général. Je fus chargée d'apprendre cette nouvelle à sa fille, qui s'affligea longtemps de voir sa mère changer de nom. J'étais aussi chargée de surveiller l'éducation du jeune Eugène de Beauharnais placé à Saint-Germain dans la pension où était mon fils.

« Mes nièces, mesdemoiselles Auguié, étaient avec moi, logées dans la même chambre que mesdemoiselles de Beauharnais. Il s'établit une grande intimité entre ces jeunes personnes. Madame de Beauharnais partit pour l'Italie, en me laissant ses enfants. A son retour, après les conquêtes de Bonaparte, ce général fut très content des progrès de sa belle-fille, m'invita à dîner à la Malmaison et vint à deux représentations d'*Esther* à ma maison d'éducation. »

Dès que l'empire fut constitué, madame Campan, mettant en œuvre son crédit et ses relations, fit tous ses efforts pour obtenir la reconnaissance officielle de sa maison, et, le 15 décembre 1805, le décret suivant fut rendu à Schœnbrunn :

Napoléon, empereur des Français, roi d'Italie, sur le rapport de notre ministre de l'intérieur, notre conseil d'État entendu, avons décrété et décrétons ce qui suit :

Article premier. — Il sera établi des maisons d'éducation pour les filles des membres de la Légion d'honneur. Le nombre de ces maisons ne pourra excéder celui de trois.

Art. 2. — Les lieux où elles seront établies seront fixés ultérieurement par nous, sur le rapport qui sera fait par le grand chancelier de la Légion d'honneur en grand conseil.

Art. 3. — Ces établissements feront partie de ceux de la cohorte dans l'étendue territoriale de laquelle ils seront situés.

Art. 4. — Les frais de ces établissements seront pris sur les fonds de la Légion d'honneur.

Art. 5. — Ces maisons seront administrées sous la direction et la surveillance du grand chancelier de la Légion d'honneur.

Art. 6. — Le nombre des élèves sera de cent par maison.

Art. 7. — Les enfants ne seront admises qu'après sept ans accomplis et ne seront plus reçues si elles ont plus de dix ans.

Art. 8. — Néanmoins, les filles des membres de la Légion d'honneur qui s'embarqueront pour les colonies ou partiront pour l'armée pourront être admises plus tard, si elles ont perdu leur mère.

Art. 9. — Le grand chancelier de la Légion d'honneur dressera incessamment et nous présentera un projet de règlement : 1° sur le mode d'admission des élèves ; 2° sur la durée de leur séjour dans la maison ; 3° sur ce qui sera fait pour elles à leur sortie suivant les cas, et sur leur dotation ; 4° sur le régime de la maison et son administration ; 5° sur les qualités et les fonctions des personnes qui seront employées dans la maison, le mode de leur nomination et leur traitement.

Art. 10. — Il dressera également un autre projet de règlement sur l'instruction des élèves.

Dès le printemps de 1806, le château de Chambord fut désigné pour recevoir les cent premières élèves, mais ce choix ne parut pas satisfaisant et l'on aménagea le château d'Écouen qui fut prêt au mois d'octobre ; dès le 5 septembre, madame Campan en avait été nommée directrice.

Le programme fut tracé d'une façon très nette.

« Napoléon voulait qu'on fît des femmes simples, chastes, dignes d'être unies aux hommes qui l'auraient bien servi, soit dans l'armée, soit dans l'administration. Afin de les rendre telles, il fallait, selon lui, qu'elles fussent élevées dans les principes d'une morale solide. Il recommandait qu'on leur apprît l'histoire et la littérature; qu'on leur épargnât l'étude des langues anciennes et des sciences trop élevées; qu'on leur enseignât assez de physique pour qu'elles pussent dissiper autour d'elles l'ignorance populaire; un peu de médecine usuelle, de la botanique, de la musique, de la danse; l'art de chiffrer, l'art de travailler à toutes sortes d'ouvrages. Il faut, ajoutait-il, que leurs appartements soient meublés du travail de leurs mains; qu'elles fassent elles-mêmes leurs chemises, leurs bas, leurs robes, leurs coiffures; qu'elles puissent au besoin coudre elles-mêmes la layette de leurs enfants. Je veux faire de ces jeunes filles des femmes utiles, certain que j'en ferai par là des femmes agréables (1). »

Pour assurer l'exécution de ce programme, le choix de madame Campan fut heureux. Les élèves furent réparties en six divisions qui se distinguaient entre elles par une ceinture de couleur différente : la ceinture de la première division, qui était formée des plus jeunes élèves, était verte; celle de la deuxième, violette; celle de la troisième, aurore; celle de la quatrième, bleue; celle de la cinquième, nacarat; celle de la sixième, blanche.

Nous trouvons, dans les *Mémoires* de la générale Durand, des détails intéressants sur la vie des jeunes pensionnaires de la Légion d'honneur.

« Les élèves se levaient à sept heures en hiver et à six heures en été. Elles avaient une heure pour s'habiller et faire leur lit. Ensuite elles descendaient en classe, puis elles allaient au déjeuner; on jouait ensuite. A dix heures, rentrée en classe. On interrompait l'étude à midi pour faire un second déjeuner qui se composait d'un morceau de pain sec; on la reprenait ensuite jusqu'à trois heures. Venaient alors le dîner et la récréation. A cinq heures, travail jusqu'à huit heures; puis, le souper, et le coucher qui devait être effectué à neuf heures. Jamais les élèves n'étaient seules ni le jour ni la nuit;

(1) Thiers, *Histoire du Consulat et de l'Empire*, t. VII, p. 427.

les dames surveillantes ne les quittaient pas un moment; elles couchaient près d'elles dans les dortoirs, où d'autres dames faisaient encore des rondes pendant la nuit.

« Les soins de propreté et de tenue étaient très multipliés. Toutes les semaines, les élèves prenaient des bains de pied, et, l'été, des bains entiers.

CHATEAU D'ÉCOUEN.

Une coiffeuse venait chaque mois couper et arranger leurs cheveux. Enfin, elles recevaient les soins qu'elles auraient pu trouver dans une famille aisée. La nourriture consistait en fruits ou laitage le matin; de la soupe, du bœuf, une entrée ou du rôti, des légumes ou de la salade, formaient le dîner. On donnait le soir un potage au lait, du fruit cuit ou des légumes. Les aliments étaient bons, bien choisis et simplement accommodés.

« Les élèves avaient un uniforme, d'abord de serge blanche il fut ensuite changé contre un autre de couleur puce, jugée moins salissante. Elles avaient un tablier noir, une capote de percale écrue, l'été, et une petite toque de velours noir, l'hiver. »

Au sujet des leçons de danse et de maintien données par madame Coindet, madame Campan écrivait à Lacépède :

« Ces leçons sont un exercice militaire commandé à cinquante filles à la fois. Madame Coindet crie comme un sergent et cela dure quatre heures de suite. Cependant, Monseigneur, sans jamais parvenir à en faire de ces pirouetteuses recherchées dans les bals, ce qui exigerait des leçons particulières à chacune, c'est à cette leçon que l'on doit la bonne tenue; ce n'est donc pas par des raisons futiles que je regarde cette partie de l'enseignement, pour une fille qui n'est pas destinée à porter dans les rues un carton sous le bras et à travailler en journée, comme une chose de première nécessité. »

Nous avons vu que Napoléon voulait que les vêtements portés par les élèves fussent confectionnés par elles; au début, ce fut une difficulté pour madame Campan que de se conformer strictement à cette partie du règlement. Les pensionnaires qui arrivaient ne savaient pas coudre et les plus jeunes étaient encore trop petites.

« Les grandes élèves, dit la générale Durand, étaient chargées du soin des petites. Elles en avaient chacune une qu'elles appelaient leur fille ; elles l'habillaient, la soignaient, et avaient pour elle mille attentions. Une fille était une récompense accordée aux plus douces et aux plus raisonnables, et dont on privait celles qui ne remplissaient pas exactement les devoirs de *petite maman.* »

Quant aux récompenses et aux punitions, nous voyons ce qu'elles étaient par ce passage tiré de l'ouvrage de madame Campan, intitulé : *De l'éducation.*

« A Écouen, dit-elle, on ne donnait pas de prix. La seule ambition de passer d'une classe inférieure à une classe plus élevée, la vue d'une pile de ceintures de diverses couleurs, prêtes à être distribuées, suffisaient pour exciter le zèle et faire palpiter tous les cœurs. Les inspections avaient lieu quatre fois par an et l'espoir de l'avancement était sans cesse entretenu. Une carte gravée, ornée d'une vignette où se trouvaient tous les attributs de l'école, depuis le fuseau jusqu'au pinceau, était le gage du succès dans les études et portait au loin le contentement dans le sein des familles.

« La grande pénitence était pour une élève la perte de sa ceinture. Le fondateur de l'établissement avait ordonné que l'élève qui se serait rendue coupable d'un tort grave serait ainsi dégradée au milieu de la cour, en présence de toute la maison. — Une seule fois j'eus à prononcer ce châtiment. Les trois cents élèves, les cinquante dames et le service formèrent un carré dans la cour intérieure du gothique château. L'élève fut conduite sur l'emplacement même où la croix de la Légion d'honneur est tracée en pavés de marbre noir. J'arrivai; je dénouai sa ceinture; je sentis qu'il fallait la soutenir. Ses jambes plièrent ; elle s'évanouit dans mes bras.

« La pénitence la plus généralement prononcée était celle des dîners à part, sur une table que l'on appelait *la table de bois*, uniquement parce qu'on y était servi sans nappe. Je n'ai jamais vu de dénomination si simple produire un si grand effet. L'élève en pénitence y était servie comme celle du réfectoire, mais elle ne mangeait pas et passait le temps du dîner dans les larmes. Un écriteau, placé dans un cadre, indiquait la faute qui avait mérité ce châtiment. On n'y était condamné que lorsque dans le cours d'un mois on avait réuni douze mauvaises marques.

« Chaque mauvaise marque était composée de douze mauvais points. Les bonnes marques menaient à l'avancement et à la carte de contentement. Les dames institutrices et surveillantes avaient, pour inscrire fidèlement les bons et les mauvais points, un livret qui ne devait jamais les quitter. Un bon point en effaçait deux mauvais. Les dames étaient chargées de faire connaître aux élèves deux fois par semaine, leur situation sur le livret. La première semaine était toujours horriblement surchargée de mauvais points ; les yeux s'ouvraient alors, et dans la dernière toutes les récupéraient par des bons points. Le livret, sorti du sac, le crayon préparé, produisaient autant d'impression que la vue de l'antique férule ou du martinet. »

De plus, les premières élèves de chaque classe étaient invitées chaque mois chez leur directrice, et celles qui s'étaient distinguées par leur bonne conduite et par leur travail obtenaient la faveur d'accompagner madame Campan pendant ses promenades hors de l'établissement.

Le 3 mars 1809, Napoléon visita en détail la maison d'Écouen et, en se retirant, il dit :

« Madame, tout est bien. »

Cette visite fut cependant pour madame Campan la source d'une grande tristesse. L'empereur ayant apprécié l'utilité de l'établissement résolut d'en créer un autre et la maison de Saint-Denis fut ouverte. Madame Dubouzet en fut nommée directrice, au grand mécontentement de madame Campan qui espérait être surintendante générale. Un peu plus tard, l'empereur créa madame Dubouzet baronne et lui accorda une dotation de 4000 francs sur son domaine extraordinaire. De ce jour, madame Campan se crut en disgrâce et en éprouva un violent chagrin.

Puis vint 1814 avec la campagne de France et l'invasion. En mars, Écouen fut occupé par les alliés. Madame Campan, seule, fit respecter sa maison et aucun soldat ne pénétra dans ce sanctuaire de la jeunesse. L'empereur Alexandre déjeuna avec la directrice et lui fit même compliment sur l'organisation des études.

Sous la Restauration, l'établissement d'Écouen fut réorganisé et la direction en fut enlevée à madame Campan. Privée à la fois de ressources et du poste qu'elle affectionnait, elle éprouva un violent chagrin.

Rappelée pendant les Cent-Jours, elle n'eut pas même le temps de reprendre possession de ses fonctions, et, à soixante ans passés, elle se trouva dépourvue de tout. Heureusement le maréchal Macdonald lui fit accorder le titre de surintendante honoraire et une retraite de 6000 francs. Dès lors, fatiguée et vieillie, elle se retira à Mantes auprès de bons amis dans la société desquels elle vécut, employant ses loisirs à écrire un *Traité d'édu-*

MADAME CAMPAN.

cation, où elle résuma les principes qu'elle avait appliqués à Saint-Germain et à Écouen. Elle avait auprès d'elle sa nièce, la maréchale Ney, veuve depuis le 7 décembre 1815 et son fils qui ne tarda pas à mourir (le 26 janvier 1821). Cette perte altéra sa santé et on dut l'opérer d'un cancer dont elle souffrait depuis longtemps. L'opération réussit bien, mais le mal prit un autre cours et se porta sur la poitrine. Malgré toutes ces douleurs, elle conserva un caractère égal et donna l'exemple du courage et de la résignation.

Le 16 mars 1822, quelques instants avant de mourir, elle appela brusquement son médecin qui s'était éloigné d'elle. Il accourut et aussitôt, se reprochant son mouvement d'humeur, elle s'excusa en lui disant doucement :

« Comme on est impérieux quand on n'a plus le temps d'être poli ! »

Telle fut la mort de cette femme qui se consacra tout entière à l'éducation de la jeunesse et dont la méthode d'enseignement, quoique modifiée, est restée comme un monument durable et comme une auréole autour de son nom.

MADAME GUIZOT

PAULINE de Meulan, qui naquit en 1773, appartenait à une ancienne famille du Périgord. Son père, homme d'intelligence et de savoir, était receveur général des finances à Paris. Elle reçut la plus brillante éducation et annonça, toute jeune encore, sa vocation littéraire ; mais la Révolution, tout en comblant d'abord ses vœux et ceux de son père, qui était un ami de Condorcet et de Turgot, ruina sa famille et la força de chercher dans les lettres autre chose qu'un simple amusement. Jusqu'à cette époque, la brillante situation de M. de Meulan avait entouré de luxe l'enfance et la jeunesse de Pauline, mais les mauvais jours étaient venus et ce qui, pour la jeune fille, n'avait été qu'un agréable passe-temps, allait devenir son unique gagne-pain. Elle ignorait encore ce que sont les déboires de la vie littéraire; ce que coûtent les veilles et les fatigues intellectuelles et surtout combien peu elles sont productives! Elle ignorait ce qu'est la lutte pour l'existence dans une carrière encombrée de concurrents, où on ne compte pas les morts et où on ne relève pas les blessés! Elle ignorait les âpres discussions avec les éditeurs et les marchandages, les stations dans les antichambres et les refus. Elle allait l'apprendre. La misère devait parfaire l'éducation de la patricienne.

Son premier ouvrage fut un roman, *les Contradictions*, qui eut du succès. Elle le fit bientôt suivre de *la Chapelle d'Ayton* dont les premières pages sont imitées d'un roman anglais. A la même époque, elle collaborait au *Publiciste*, et faisait dans ce iournal des articles de critique et de morale qui furent remarqués.

Cependant, en 1807, une maladie assez grave que fit mademoiselle de Meulan interrompit ses travaux et fut cause de son mariage.

C'est une histoire touchante qui mérite bien d'être contée; elle prouve qu'il est des cœurs désintéressés que le malheur n'effraie pas.

Donc, mademoiselle de Meulan était malade et ne pouvait continuer à écrire ses articles pour le *Publiciste*, ces acticles qui étaient sa seule ressource, et sur le produit desquels elle comptait pour vivre. On le voit, la situation n'avait rien d'agréable et les pensées de la jeune journaliste ne devaient être rien moins que souriantes.

Sur ces entrefaites, l'aide lui arriva, sous la forme anonyme. Un inconnu lui offrit de la suppléer et envoya au journal des articles qui étaient absolument dans le goût de ceux de mademoiselle de Meulan. Ces envois durèrent plusieurs semaines au bout desquelles elle voulut connaître celui qui s'était si gracieusement dévoué pour elle.

C'était M. Guizot, débutant alors et préludant par des articles de critique aux travaux plus sérieux qui devaient l'illustrer.

Il avait vingt ans; mademoiselle de Meulan en avait trente-quatre; malgré cette disproportion d'âge, ils résolurent de s'unir, et leur mariage eut lieu en avril 1812.

Devenue mère, madame Guizot montra une face nouvelle de son talent de moraliste et se mit à écrire des livres d'éducation et des contes pour les enfants, qui sont ses meilleurs ouvrages littéraires.

Tout ce que madame Guizot a écrit sur l'éducation est excellent et révèle un esprit de premier ordre, dont la vigueur est tempérée par une délicatesse toute féminine; comme romancière, elle a su donner à ses ouvrages l'intérêt et le relief; un de ses contes, *Nadir*, est considéré comme un petit chef-d'œuvre. Ses œuvres la mettent au-dessus de madame Cottin et de madame de Flahaut, ses contemporaines; seule, madame de Staël lui est supérieure.

D'une santé depuis longtemps mauvaise, madame Guizot sentit la mort s'approcher.

Le 1er août 1827, ainsi que M. Guizot l'a raconté lui-même, elle pria son mari de lui faire quelque bonne lecture; il lui lut une lettre de Fénelon, puis un sermon de Bossuet, et pendant qu'il lisait elle s'éteignit doucement.

M. Guizot, que de nombreux et remarquables travaux avaient déjà rendu célèbre, épousa l'année suivante la nièce de celle qu'il venait de perdre et qui avait désiré et préparé cette union; malheureusement, la seconde madame Guizot, dont on a quelques études littéraires, mourut elle-même en 1833. Ministre après la révolution de Juillet, ambassadeur à Londres en 1840, une seconde fois ministre en 1841, M. Guizot fut le principal auteur de la chute de Louis-Philippe. D'un caractère froid et ferme jusqu'à la raideur, M. Guizot ne fut jamais populaire; il a écrit un grand nombre d'ouvrages importants, tant sur l'histoire que sur la philosophie.

L'élan de jeunesse et de dévouement qui fit connaître M. Guizot à mademoiselle de Meulan fut cause que deux intelligences d'élite s'unirent et que les charmantes œuvres de la jeune femme furent signées d'un nom qui fut ainsi deux fois célèbre.

MADAME ÉLISA LEMONNIER

Celle qu'en famille on appelait Élisa, mais qui en réalité s'appelait Marie-Juliette, naquit à Sorèze le 24 mars 1805.

Marie-Juliette Grimailh suivit tout d'abord les cours d'une école communale, puis elle profita des leçons d'un professeur du collège. Elle aimait le travail et l'étude, et les heures que les enfants consacrent d'habitude aux récréations et au jeu, elle les employait à augmenter son bagage de connaissances scientifiques.

Lorsqu'elle fut en âge de se marier, un jeune professeur de philosophie, M. Lemonnier, demanda sa main. Mais, comme M. Lemonnier était saint-simonien, et que, de ce chef, on craignait pour lui une révocation imminente, sa demande ne fut pas agréée. Bientôt en effet, le professeur dut démissionner et dès lors il se dévoua tout entier à la doctrine qu'il avait embrassée. Cependant, mademoiselle Grimailh attendait patiemment qu'il obtînt le consentement de sa famille, et elle se convertit elle-même au saint-simonisme, vers lequel sa nature vaillante et dévouée l'attirait. Ainsi, de loin, par la pensée, elle soutenait la cause que celui qu'elle aimait défendait. Sur ces entrefaites, un ami commun aux deux familles, M. Rességuier, fit auprès de M. Grimailh de nouvelles démarches; il plaida chaleureusement en faveur de M. Lemonnier et il obtint enfin le consentement au mariage.

Aussitôt mariés, M. et madame Lemonnier partirent pour Bordeaux où ils restèrent dix ans, vivant pauvres mais heureux.

« Ne croyez pas, disait plus tard madame Lemonnier à une de ses amies, ne croyez pas que nous fussions malheureux. Je me rappelle encore les bonnes journées que nous passions le dimanche à la campagne, portant tour à tour notre enfant dans nos bras. Puis nous revenions le soir, et tout dans notre modeste intérieur paraissait gai et souriant. Nous nous aimions l'un l'autre et nous vivions continuellement de la vie des mêmes idées : c'était là le secret de notre bonheur. »

Malgré l'état précaire de sa situation et l'incertitude de l'avenir, madame Lemonnier nourrissait un projet dont elle rêvait sans cesse l'exécution : elle pensait à fonder pour les jeunes filles ces écoles professionnelles dont elle avait puisé l'idée dans la doctrine de Saint-Simon et auxquelles elle devait un jour donner son nom.

« Fonder de bonnes écoles pour les jeunes filles, disait-elle, ce serait non seulement faire œuvre maternelle, mais encore reprendre la société en sous-œuvre. »

Cependant les moyens manquaient pour mettre la théorie en pratique ; la révolution de 1848 fit naître bien des espérances au cœur de madame Lemonnier, mais elle dut se contenter d'organiser des ateliers pour les femmes et d'en surveiller les travaux. Là, elle se dévoua, sut gagner l'amitié des malheureuses auxquelles elle faisait gagner leur vie et s'efforça de leur inculquer des principes de morale. Malheureusement, ces ateliers ne durèrent pas et madame Lemonnier retomba dans une nouvelle période d'attente.

Survint le coup d'État qui fournit à notre héroïne de nouvelles occasions de se dévouer. Elle tenta à cette époque d'arrêter l'effusion du sang, et fit auprès de personnages haut placés des demandes qui, malheureusement, restèrent infructueuses.

Enfin, en 1856, s'ouvrit l'ère de l'action, et l'œuvre destinée à augmenter le cercle des connaissances des femmes, commença à fonctionner, sous le nom de *Société de protection maternelle pour les jeunes filles*. Cette Société, en 1872, modifia son titre, étendit le domaine de son action, et devint la *Société pour l'enseignement professionnel des femmes*.

La première école qu'ouvrit la Société se trouvait rue de la Perle, au numéro 9. Au début, il y eut six élèves; il y en eut quarante à la fin de l'année et quatre-vingts à la rentrée. On dut chercher un local plus vaste et bientôt on créa de nouvelles écoles.

Ces établissements sont particulièrement destinés à préparer les jeunes filles aux emplois du commerce et de l'industrie. Les élèves sont externes. Les cours sont de deux sortes : les uns généraux, les autres spéciaux et durent trois années.

Les cours généraux, qui ont lieu le matin, comprennent le français, l'arithmétique, la géométrie, l'histoire, la géographie, les sciences appliquées aux usages de la vie, l'écriture et la couture.

Les cours spéciaux, qui se font l'après-midi, sont les suivants : cours de commerce (comptabilité, langue anglaise), dessin industriel, gravure sur bois, peinture sur porcelaine, peinture sur verre, confections, lingerie, broderie.

En outre, un comité spécial est chargé de suivre dans leur carrière les jeunes filles sorties des écoles, de les placer dans les meilleures conditions possibles et de les aider au besoin dans les difficultés de la vie.

Tel est le plan d'études dont l'idée première revient à madame Lemonnier qui eut la gloire d'ouvrir en France des écoles professionnelles de jeunes filles, alors qu'il n'en existait pas encore pour les garçons.

Elle s'inspira d'un passage de Rousseau, qu'il est bon de méditer, et par lequel nous terminerons cette courte esquisse de la vie d'une des bienfaitrices des jeunes filles.

« Vous vous fiez, dit Rousseau, à l'ordre actuel de la société sans songer que cet ordre est sujet à des révolutions inévitables et qu'il est impossible de prévenir et de prévoir celle qui peut regarder vos enfants. Le grand devient petit, le riche devient pauvre, le monarque devient sujet ; les coups du sort sont-ils si rares que vous puissiez compter en être exempt ? Nous approchons de l'état de crise et du siècle des révolutions. Qui peut vous répondre de ce que vous deviendrez alors ? De toutes les positions, la plus indépendante de la fortune et des hommes est celle de l'artisan. L'artisan ne dépend que de son travail ; il est libre... » Et il ajoute : « Un métier à mon fils !... Mon fils artisan !... Monsieur, y pensez-vous ? — J'y pense mieux que vous, madame, qui voulez le réduire à ne pouvoir être jamais qu'un lord, un marquis, un prince, et peut-être un jour moins que rien. Moi, je veux lui donner un rang qu'il ne puisse perdre, un rang qui l'honore dans tous les temps ; je veux l'élever à l'état d'homme et, quoi que vous en puissiez dire, il aura moins d'égaux à ce titre qu'à tous ceux qu'il tiendra de vous. »

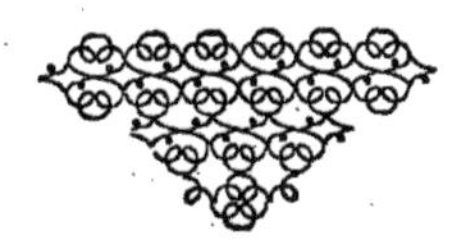

MADAME PAPE-CARPANTIER

ADAME Pape-Carpantier mérite à côté de madame Campan et de madame Élisa Lemonnier, une place à part dans l'histoire de nos grandes éducatrices. Toutes trois, dans des sphères d'action différentes, ont rendu à la civilisation d'éminents services en consacrant leur vie à l'éducation des jeunes filles et en laissant derrière elles des méthodes d'enseignement auxquelles leur nom restera attaché.

Marie Carpantier naquit à La Flèche le 10 septembre 1815, quatre mois après la mort de son père qui périt pendant les Cent-Jours dans une rencontre avec un parti de chouans. L'absence du père fut cause que la famille eut à souffrir de biens des privations et l'enfance de Marie fut loin d'être heureuse. Aussi, à onze ans et demi, elle quittait l'école primaire pour prendre sa part du labeur quotidien et aider sa mère. Heureusement son amour du travail et son intelligence lui permirent de se passer de maîtres et elle sut développer et perfectionner par elle-même ce que l'école n'avait qu'ébauché.

Marie n'avait encore que quatorze ans lorque lui vinrent le goût de la poésie et l'idée d'écrire des vers. Cela lui valut quelques succès et une renommée locale. Aussi en 1835, le conseil municipal de La Flèche ayant décidé la création d'une salle d'asile, la place de directrice fut-elle immédiatement offerte à mademoiselle Carpantier. Celle-ci, effrayée d'une telle responsabilité, hésitait à accepter; mais, cédant aux avis de sa mère qui lui promit de l'aider dans son œuvre, elle se décida. Cependant, afin de se préparer à remplir convenablement ses fonctions, elle alla passer un mois au Mans, où elle étudia la méthode suivie dans un établissement du même genre que dirigeaient M. et madame Pape.

L'asile de La Flèche donnait les meilleurs résultats et les autorités étaient fières du choix qu'elles avaient fait en la personne de mademoiselle Carpantier chez laquelle s'était développée une véritable vocation pour le rôle d'institutrice. Toutefois, pour arriver aux brillants résultats qu'elle obtenait, mademoiselle Carpantier s'astreignait à un travail de tous les instants; bientôt sa santé s'en ressentit et s'altéra à un tel point qu'elle dut renoncer à continuer.

Ne pouvant cependant vivre sans travailler, puisqu'elle n'avait aucune fortune, mademoiselle Carpantier devint alors demoiselle de compagnie d'une de ses compatriotes, qui était veuve et dont les enfants étaient tous morts. C'était une douleur à consoler; mademoiselle Carpantier, d'une nature aimante, se dévoua à cette nouvelle tâche et se fit adorer. A cette époque, elle dépeignait ainsi ses sentiments pour ceux que le malheur avait frappés :

Des hommes attiédis relevez les croyances,
Aux cœurs désespérés rendez leurs espérances,
Sur le monde, à torrents versez la vérité;
Sapez l'iniquité jusque dans ses racines.
Et replacez, vainqueurs, sur leurs trônes en ruine,
La Justice et l'Humanité.

Pour moi, timide enfant, dans la foule perdue,
Moi, dont la voix sans nom se meurt inentendue,
Une tâche moins fière est donnée à mes jours;
Moins fière, mais plus douce, et qui, de paix suivie,
Convient à ma faiblesse, et de mon humble vie
Parfume le modeste cours.

Deux mères à chérir, deux amours à confondre,
Des pleurs à partager, d'amers chagrins à fondre,

Quelques tardives fleurs à faire épanouir,
Protéger de mes mains une chère vieillesse,
Et puis, dépôt sacré commis à ma tendresse,
Un cœur souffrant à réjouir.

Voilà tous mes destins, toute ma part de gloire ;
Et quand je puis, scrutant mes jours dans ma mémoire,
Retrouver sous mes pas quelques rares bienfaits,
Quelques maux réparés, quelques douleurs calmées,
Quelques vertus en moi nouvellement germées,
Tous mes désirs sont satisfaits.

Mademoiselle Carpantier se trompait quand elle fixait ainsi sa part de gloire ; les services qu'elle devait rendre à la pédagogie allaient lui valoir bien d'autres lauriers.

Mademoiselle Carpantier ne quitta ses fonctions auprès de la veuve qu'en 1842, pour remplacer M. et madame Pape qui cessaient de diriger la salle d'asile du Mans. Elle resta cinq ans dans cette ville et publia alors, avec l'approbation du conseil de l'Université, un ouvrage intitulé : *Conseils sur la direction des salles d'asile*, qui fut couronné par l'Académie française.

Ces *Conseils* furent très appréciés des personnes s'occupant de pédagogie. Aussi madame Jules Mallet, membre de la commission supérieure des salles d'asile, appela mademoiselle Carpantier à Paris pour s'inspirer de ses connaissances pratiques. Bientôt avec l'aide de son neveu, M. de Salvandy, qui était alors ministre de l'instruction publique, cette dame fonda pour la préparation des directrices d'asile une maison dont mademoiselle Carpantier fut l'âme. Cette école fut ouverte rue Neuve-Saint-Paul, par les soins et aux frais de madame Mallet. Sous le ministère Carnot, cette école prit le nom d'école normale maternelle et fut ensuite transférée rue des Ursulines. Là, pendant vingt-sept ans, mademoiselle Carpantier, devenue madame Pape, dirigea tous les cours et forma ainsi quinze cents élèves.

Le malheur, cependant, vint frapper à la porte de l'institutrice. En 1849, elle perdit son mari, officier dans la garde républicaine, qui succomba à la suite de fatigues excessives éprouvées pendant les manœuvres. Puis la jalousie fit son œuvre. Des calomnies parvinrent aux oreilles du ministre, qui destitua madame Pape-Carpantier. Mais, devant l'indignation de l'opinion publique, on atténua cette mesure en la nommant inspectrice générale des salles d'asile. C'était là une situation dont s'accommodait mal l'activité de madame Pape, mais elle eut assez de philosophie pour se résigner et assez de courage pour continuer à travailler. Elle écrivit alors des livres de lecture pour les enfants et des conseils pour les maîtresses ; elle fit aussi des conférences, entre autres sur ces *leçons de choses* dont elle tenait tant à faire saisir l'utilité.

« Les petits enfants, dit-elle, demandent sans cesse des histoires ; c'est un goût dont la mère et l'institutrice doivent savoir tirer parti pour l'éducation de leurs élèves. Bien causer avec eux est moins facile qu'on ne le pense. Leur enseigner de bonnes choses, j'entends des choses réellement, sérieusement bonnes, et les présenter de manière à produire bien exactement l'impression que l'on a en vue, et non tel ou tel à peu près, dont on ne s'apercevra pas sur l'heure, mais qui se révélera plus tard par des effets inattendus plus fâcheux, — ceci, je le répète, est un art difficile même pour les mères.

« Ce qui fait la valeur des leçons de choses, ce qui les rend aimables et efficaces, c'est qu'elles font appel aux forces personnelles de l'enfant ; qu'elles mettent en jeu ses facultés physiques et intellectuelles ; c'est qu'elles satisfont son besoin naturel de penser, de parler, de se mouvoir et de changer d'objet ; c'est qu'elles parviennent à son esprit par l'intermédiaire de ses sens, qu'elles se servent de ce qu'il sait, de ce qu'il aime, pour l'intéresser à ce qu'il ne sait pas ou n'aime pas encore. »

Cette forme d'enseignement peut s'élever et s'étendre, suivant les connaissances de l'élève.

« Élémentaire avec le petit enfant, dit madame Pape-Carpantier, simple, naïvement dialoguée, elle peut se développer graduellement jusqu'aux plus hautes études, sans rien perdre de son caractère et de sa fécondité. Le savant, dans son amphithéâtre, fait une leçon de choses, quand il exécute sous les yeux mêmes de ses disciples les délicates et brillantes opérations dont il les entretient. »

Les leçons de madame Pape-Carpantier étaient des entretiens aimables, animés; elle n'exigeait pas de ses élèves l'immobilité complète et le silence absolu, disant que lorsque la leçon est bien faite, les enfants l'écoutent avec intérêt et oublient d'être dissipés.

Jusqu'à son dernier jour, madame Pape-Carpantier poursuivit son œuvre. Membre du jury de l'Exposition de 1878, elle ne mangeait ni ne dormait plus pour apporter tous ses soins à l'accomplissement des devoirs de sa charge. Elle fut bientôt à bout de forces, et, le 31 juillet 1878, une maladie l'emporta avant qu'elle ait pu recevoir la grande médaille d'or qui lui était destinée.

Telle fut la vie de celle qui a laissé la célèbre méthode Pape-Carpantier.

MADAME GROS

JUGÉE PAR M. ERNEST RENAN, DANS SON DISCOURS PRONONCÉ A L'ACADÉMIE FRANÇAISE LE 4 AOUT 1881.

ADAME Gros, institutrice libre à Lyon, est peut-être la personne de notre temps qui possède le mieux l'art exquis de faire vibrer, par une sorte de savant coup d'archet, le sentiment moral non encore éveillé. L'amour de l'éducation du peuple est inné chez madame Gros. A Condrieu, le souvenir de ses écoles du dimanche et surtout des promenades où elle menait ses élèves est resté comme une légende.

Ce n'était point assez pour elle; en 1870, elle revint à Lyon, rêvant d'une œuvre qui eût certainement fait reculer un esprit moins décidé et une âme moins vigoureusement trempée. Elle voulait porter son apostolat jusqu'aux derniers confins du mal et voir si là encore la voix du bien peut être entendue. Un sentiment particulier, comme il en existe presque toujours chez les grands fondateurs, entraîna sa conviction et fixa son choix.

La véritable vocation de madame Gros fut dès lors trouvée.

Elle s'établit dans la sentine de Lyon, près des Brotteaux, au milieu des vagabonds que la cristallerie et les verreries de la Guillotière attirent de ce côté. Le tableau, énergiquement tracé par elle et par les témoins de son œuvre, de l'ignorance et de la méchanceté contre lesquelles elle eut à combattre, fait véritablement frémir. Elle débuta dans la charité en achetant une petite fille que son père vendait pour boire. Ce misérable lui demanda 50 francs; madame Gros les donna. Ce qu'elle vit ensuite dépassa toute créance. Trois fois, des messieurs dévoués entreprirent de la seconder dans son œuvre; trois fois, ils reculèrent révoltés par ce contact odieux.

Au début, deux jeunes scélérats se risquèrent à adresser à madame Gros des paroles inconvenantes; sa froideur absolue et sa fermeté leur imposèrent silence; depuis, il n'est jamais arrivé qu'on ait osé prononcer devant elle un mot déplacé. Elle s'est fait une famille de ces enfants sauvages et abandonnés. Elle ne doit se garder que de leurs démonstrations amicales, parfois trop vives, toujours respectueuses. Elle prétend que ces natures brutes ont un grand fonds de poésie naïve et qu'on s'empare facilement d'elles.

Des figures laides, bestiales, grimaçantes, s'éclaircissent, s'embellissent peu à peu; des êtres sinistres deviennent gais, expansifs, polis même; « enfin, dit madame Gros, ils ont un charme original et un cachet qui n'appartient qu'à eux ».

Madame Gros a rassemblé dans un travail curieux, les souvenirs les plus originaux de ses chers petits sauvages, comme elle les appelle, leurs bons mots, leurs hauts faits et surtout leurs progrès dans le bien. Les confidences de ces jeunes pervertis sont faciles à obtenir; car, ainsi que madame Gros le remarque, le premier sentiment qu'elle trouve toujours chez eux est la fierté de leurs crimes. Ils s'en pavanent et sont fiers de la crainte qu'ils inspirent. Un nouveau venu lui avoua un jour qu'il avait noyé trois de ses camarades dans le Rhône. « Ils m'avaient ennuyé, dit-il, je les ai poussés et je les ai regardés se débattre. » Un an après, ce même petit misérable sauvait trois personnes en danger; c'est maintenant un excellent soldat.

« L'enfant du feu », comme l'appelle madame Gros, était dans l'école un véritable fléau, par l'abus qu'il faisait de sa force sur ses camarades. Madame Gros lui fit promettre de ne se battre qu'une fois par jour, pour commencer. Trois semaines après, il ne se battait plus, à tel point qu'ayant un jour reçu un soufflet, il sauta sur un bureau, et trépignant, furibond, les yeux étincelants, il dit à celui qui l'avait frappé : « Tu as du bonheur que j'ai promis à la dame de ne plus me battre; sans cela, je t'aurais étranglé. »

Il y avait à La Mouche (quartier des verriers), un nid de petits vauriens nommé Bonhomme. Leur spécialité était de jeter des pierres aux passants pour le plaisir de les blesser. Les plus âgés, après une année de résistance, se décidèrent enfin à ne jeter qu'un nombre de cailloux fixé, avec promesse de n'atteindre personne. Ils ont tous fini par se corriger et ils y ont mis tant de zèle, que maintenant ils pourchassent avec acharnement tous ceux qui jettent des pierres.

Walch est évidemment un des naufragés dont le sauvetage a laissé le plus profond souvenir dans le cœur de madame Gros. « Il avait quinze ans; carrure, tournure, visage, crinière, regard, caractère, le tout représentant à merveille le lion du désert dans sa force sauvage. » Quatre années l'avaient à peine apprivoisé, lorsqu'un jour une dame vient à l'école avec une rose rouge jetée coquettement sur un chapeau de velours noir. A la vue de cette rose, les regards du lion s'éclairent pour la première fois; il sourit à cette fleur. Madame Gros profite de ce moment pour faire pénétrer dans cette âme inculte un germe d'amour-propre et un peu de honte sur sa tenue plus que négligée. Le dimanche suivant, pour obtenir la faveur d'être placé à côté de la rose, il vint à l'école en costume propre; lui même avait lavé sa jaquette dans le Rhône, de grand matin. « Elle n'a pas pu *séquer*, dit-il; mais elle *séquera* sur mon dos. »

« Depuis ce jour, dit madame Gros, il s'est peu à peu civilisé, ses manières brusques ont disparu, il n'a gardé du fauve qu'il représente que l'extérieur avantageux et les qualités qui en sont l'apanage. »

Madame Gros ayant été malade, le brave lion faisait chaque dimanche quatre heures de route pour venir s'informer de sa santé. Madame Gros lui parlant un jour de sa mère : « Oh ! j'ai deux mères, dit-il, celle qui *m'a né* et puis vous. »

Les batailles rangées dans les graviers du Rhône, et surtout les atroces cruautés qu'exerçaient les uns sur les autres les enfants de la cristallerie, ont été supprimées par madame Gros. On ne se souvient pas qu'un seul de ses élèves, et elle en a eu par centaines, soit revenu au mal. Ceux qui se marient, envoient leurs frères à madame Gros et se font les recruteurs de l'école.

Le naturel, l'élan, le cœur, la vivacité, l'entraînement, un esprit prodigieusement inventif, joint à une fermeté à toute épreuve, font de madame Gros un exemple unique peut-être de l'instinct éducateur qui sait exprimer au peuple dans son langage les plus hauts sentiments. Ce qu'elle a surtout, c'est le don d'amuser. Sa force est dans les histoires qu'elle raconte avec une connaissance achevée des moyens de toucher la fibre populaire.

Ce fut l'art de tous les grands initiateurs. La parabole a toujours entraîné l'humanité. L'humanité, en effet, aime l'idéal ; mais il faut que l'idéal soit une personne, un fait, un récit ; elle n'aime pas une abstraction. Il paraît que pendant que madame Gros raconte ses histoires à ceux qu'elle appelle ses « brigands du dimanche », son auditoire est tout oreilles. Ah ! si nous avions les récits de madame Gros, sténographiés sans qu'elle le sût ! Comme cela vaudrait mieux que les fadaises de notre littérature usée ! Je porte envie aux gamins qui entendent ces chefs-d'œuvre, destinés sans doute, comme les vrais chefs-d'œuvre, à rester toujours inédits. Ils ont, du reste, le genre de succès qu'ils méritent : ils entraînent, ils convertissent.

Après une histoire racontée par madame Gros sur l'assistance que l'on doit à ses parents, Michel renonce à l'ivrognerie pour construire une cabane à sa mère qui couchait sous une charrette. Aujourd'hui, Michel est marié et presque dans l'aisance.

— Je me livrais à la boisson, disait-il dernièrement, quand votre histoire m'a sauvé.

Dans la clientèle de madame Gros, il y a une catégorie qu'elle appelle, on ne voit pas bien pourquoi, la *série des Mongols*. Deux frères de cette bande se relayaient pour venir à l'école à tour de rôle. Cela parut singulier à madame Gros qui en fit un jour l'observation à l'un d'eux :

— Mon frère ne peut pas venir, lui répondit celui-ci, il est sur l'arbre.

— Et que fait-il sur l'arbre?

— Il attend que je lui porte mes souliers; je les lui porterai quand la leçon sera finie, et il entendra l'histoire. Dimanche ce sera son tour d'avoir la leçon et moi j'aurai l'histoire.

— Alors, vous n'avez qu'une paire de souliers pour vous deux ?

— Eh oui ! c'est pour cela que, quand il fait mouillé, nous nous tenons sur l'arbre, en attendant notre tour de venir à l'école.

Ce spectacle d'une terre avide de boire la rosée du bien, et qui s'ouvre au premier doux rayon de soleil, cette charmante inoculation du sens moral, par un mot, par un regard, en de pauvres êtres qui n'ont pas eu de mère, qui n'ont jamais vu un œil bienveillant leur sourire, rappellent les miracles qui remplissent la vie de tous les grands maîtres de la vertu.

Telle est l'œuvre de madame Gros.

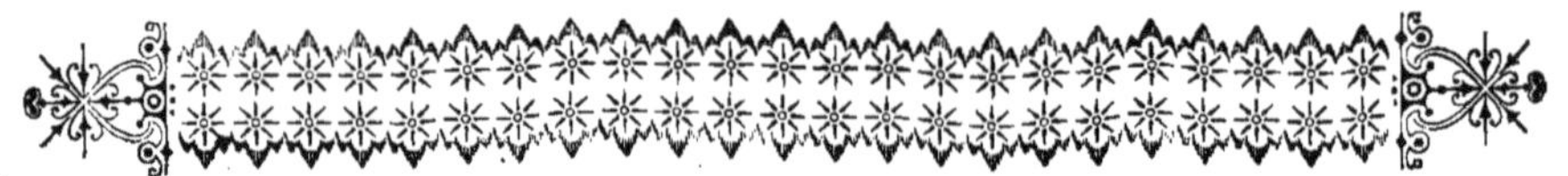

MADEMOISELLE LÉONTINE NICOLLE

C'est en 1823 que naquit, à Paris, mademoiselle Nicolle dont l'existence de sacrifice et de dévouement a mérité la croix de la Légion d'honneur, qui, depuis le 1er janvier 1888, brille sur la poitrine de cette admirable femme. Déjà en 1879 l'Académie française avait décerné à mademoiselle Nicolle un des prix de vertu dont elle dispose et, en cette occasion, M. Jules Simon, dans son discours, la dépeignit ainsi :

« Entrons à la Salpêtrière. Disons adieu à la santé, à la liberté, à la gaieté et même à la jeunesse; car ce ne sont pas des jeunes filles que ces idiotes, ces rachitiques, ces épileptiques. La ville de Paris a élevé, dans ces dernières années, de magnifiques maisons hospitalières; elle peut citer avec orgueil l'asile Sainte-Anne, Ville-Évrard, l'Hôtel-Dieu. Les constructions anciennes étaient moins bien entendues ; il a fallu les reprendre en sous-œuvre, abattre des cloisons, percer des fenêtres, et, malgré tout, on n'arrive que bien imparfaitement à réaliser les conditions de salubrité exigées par la science moderne.

« La Salpêtrière, dont les bâtiments ont été construits sous Louis XIII pour servir d'arsenal, ne manque pas d'espace, ni même de magnificence; mais la division des enfants y est pitoyable. Ces pauvres êtres, au nombre de cent vingt petites filles, sont entassés dans des salles humides et obscures. Les épileptiques ne sont pas séparées des simples idiotes. Ces enfants sont plutôt des agitées que des hébétées, de sorte que le défaut d'espace et de mouvement est pour elles un cruel supplice. L'été, elles ont au moins quelques heures de soleil; elles passent leurs tristes journées d'hiver dans des classes malsaines et encombrées, où la lumière même est insuffisante, sous les yeux de surveillantes, qui ne sont en réalité que des gardiennes et des filles de service.

« On se demande quelquefois comment on peut trouver des pauvres femmes assez abandonnées pour remplir de tels emplois. Ne croyez pas qu'on les achète à prix d'or! Pour passer sa vie entière au milieu de ces malheureuses filles, pour les servir et pour les contenir, pour les voir souffrir sous ses yeux, sans obtenir d'elles un peu d'affection et de reconnaissance, une deuxième surveillante reçoit un traitement annuel de *trois cent soixante francs*, moins que les gages d'une fille de peine. On exige pourtant qu'elle soit honnête, qu'elle ait reçu quelque éducation, qu'elle ait une forte santé pour subir cette captivité et résister à ce travail sans relâche ; il est même bon qu'elle soit robuste pour lutter au besoin contre les patientes. Il paraît qu'il y a des postulantes pour ces places et il faut que les heureux et même les malheureux se le disent et apprennent ainsi à être reconnaissants de la situation qui leur est faite ailleurs.

« Mademoiselle Léontine Nicolle, qui a pourtant reçu une éducation sérieuse, a vivement sollicité sa place de deuxième surveillante; elle a attendu patiemment une vacance; elle est entrée avec joie dans cet enfer. Elle avait un secret que je vous livre : Sa mère était atteinte de la folie de la persécution. Léontine ne pouvait la garder avec elle; elle obtint de la faire entrer à la Salpêtrière et n'eut plus qu'une pensée : s'y enfermer avec elle pour pouvoir encore lui donner ses soins. Elle fut nommée et prit possession de son triste emploi.

« Tant que sa mère a vécu, mademoiselle Nicolle passait les journées auprès de ses idiotes, et les quelques minutes qu'on lui accordait pour se remettre de son rude labeur, auprès de la folle qui était sa mère, allant ainsi d'un martyre à un autre, et se trouvant heureuse parce qu'elle remplissait son devoir filial.

« Cette vie a duré vingt-sept ans.

« La pauvre folle est morte, il y a un an (1878), dans les bras de sa fille qu'elle reconnaissait à peine et dont elle repoussait les soins avec terreur dans ses moments d'hallucination.

« Voilà vingt-huit ans passés que mademoiselle Nicolle exerce à la Salpêtrière ses fonctions de surveillante. Elle s'y est attachée. Elle s'est dit qu'à force de patience, elle sauverait ces infortunées, et plus de cinq cents d'entre elles, sorties de ses mains, sont entrées dans la vie commune et parviennent aujourd'hui à gagner leur vie.

« L'administration de la Salpêtrière, qui est une sage et paternelle administration, mais qui est entravée par les règlements, a pu enfin dans ces derniers mois, faire de la surveillante une institutrice. Elle aura *neuf cents francs* de traitement, peut-être davantage. Elle fera dans son nouveau grade le même travail. Elle ne fera pas plus, ni mieux, parce que c'est impossible.

« Quelle vie ! quel noviciat ! quelle récompense ! L'Académie, avec le plus profond respect, décerne un prix de vertu à mademoiselle Léontine Nicolle. »

Cette haute récompense, et cet éloge si flatteur de M. Jules Simon, furent pour l'institutrice un nouveau stimulant. Elle voulut faire mieux encore, quoi qu'en eût dit son panégyriste, et elle s'ingénia par tous les moyens possibles à faire reparaître une lueur de raison dans les esprits malades dont elle avait la garde. Elle arriva ainsi à apprendre à lire et à écrire à ses pauvres déshéritées.

M. Alfred Barbou, qui a écrit sur mademoiselle Nicolle une étude remarquable, nous dit en quelques mots ce que furent ses efforts :

« Mademoiselle Nicolle n'apprend pas à lire à des enfants ordinaires. Elle s'est donné la tâche d'enseigner les notions premières aux petites filles de la Salpêtrière, c'est-à-dire qu'elle a accepté la mission d'éveiller des intelligences qu'on croyait à jamais mortes, de pratiquer une culture intellectuelle dans un terrain qui paraissait incultivable et monstrueusement stérile. Elle a, cette humble fille animée d'une foi comparable, en vérité, à celle de Jeanne d'Arc,

MADEMOISELLE NICOLLE A LA SALPÊTRIERE.

elle a cru contre les savants, comme Jeanne croyait contre les capitaines, qu'il ne faut jamais désespérer alors même que tout semble perdu.

« Jadis les Spartiates jetaient au gouffre leurs enfants contrefaits, que l'ignorance scientifique les obligeait à considérer comme des forces perdues, des difformités irréformables et nuisibles.

« Nos chirurgiens, nos médecins et nos orthopédistes sont venus à bout de mille infirmités terribles et jadis inguérissables ; nos aliénistes, grâce à d'ingénieux traitements, à une étude plus approfondie des cerveaux et des maladies mentales, parviennent à guérir des fous qu'on croyait perdus, à ramener à la raison des gens qu'on s'imaginait en être privés pour toujours.

« Mais ces gens de science ne font que guérir des esprits, et mademoiselle Nicolle en crée en quelque sorte.

« Oui, c'est une création véritable, un enfantement idéal.

« Elle prend, pour les instruire, les petites filles de cet asile affreux que l'on nomme la Salpêtrière ; ce sont de pauvres êtres que le destin a cruellement marquées au front dès leur berceau, des enfants de fous ou d'épileptiques. Sur leur visage maigre, décoloré, aucun de ces sourires qui éclairent si doucement les visages des autres ; des traits contractés, des yeux sans regard, une expression d'hébétude, nulle trace de pensée. La douleur les rend pour la plupart affreuses et le spectacle de ces jeunes hideurs réunies est un des plus terrifiants que l'on puisse imaginer.

« Cependant elles un ont cerveau, ces petites infortunées, ou du moins une matière cérébrale, mais inerte.

« Comment y faire pénétrer un rayon, comment l'éclaircir d'une lueur intellectuelle et résoudre ce problème en apparence insoluble?

« Ceci est l'affaire de mademoiselle Nicolle.

« Une à une, elle prend ces enfants ; elle choie ces monstres, elle caresse ces laideurs, elle a pour ces créatures abandonnées et en réalité repoussantes, des soins maternels, tendres, ingénieux.

« A force de patience, par de douces paroles, en employant d'habiles procédés, peu à peu elle parvient à leur faire connaître leurs lettres; aussitôt qu'elle est parvenue à fixer leur attention, le reste n'est plus que persévérance; mais quelle persévérance! Pas une minute de faiblesse ni de découragement, pas un instant de lassitude morale ou physique.

« Parmi ces écolières, toutes amenées à la maison de fous dès le plus bas âge, il en est de méchantes, de vicieuses, de révoltées.

« Mademoiselle Nicolle vient à bout de celles-ci comme des autres, par la douceur, par la vigilance, par la confiance en la réussite de son œuvre, œuvre qui jadis eût paru insensée.

« Et depuis plus d'un quart de siècle elle travaille chaque jour ainsi à sauver des intelligences, à donner à ces déshéritées les consolations et les joies dont on les pouvait croire éternellement privées; oui, et nous avons vu de nos propres yeux ces petites filles écrire des lettres sensées, correctes, sans fautes de raison, ni d'orthographe. Leur imagination elle-même est éveillée, leur cœur s'est ouvert; elles pensent, elles vivent, elles cherchent à s'affranchir de la vie misérable à laquelle elles étaient condamnées, et parfois elles y parviennent. Elles se distraient par des lectures ou par des chants, elles apprennent à travailler et aussi à espérer; leur sort s'est amélioré. »

C'est ainsi que mademoiselle Nicolle a employé sa vie à une tâche obscure mais glorieuse. Ses goûts simples et sa modestie lui ont permis de se consacrer à cette œuvre qui, mise en lumière, a valu à l'infatigable institutrice les éloges les plus unanimes et les récompenses les mieux méritées.

Aujourd'hui, mademoiselle Nicolle est âgée; elle jouit de la retraite qu'elle a si bien gagnée, dans le paisible asile de Brévannes où elle se repose des fatigues de sa longue carrière. Elle craint le bruit fait autour de son nom, et sa modestie est si grande que nous n'avons pu obtenir d'elle le récit de sa vie que nous lui demandions. Il nous a fallu chercher ailleurs, car une galerie des Grandes Françaises n'aurait pas été complète si elle n'y avait figuré.

LES FEMMES DE LETTRES

ET

LES ARTISTES

MADAME DE RAMBOUILLET

CATHERINE de Vivonne, marquise de Rambouillet, naquit à Rome, en 1588; son père avait été ambassadeur près du Saint-Siège sous les règnes de Henri III et de Henri IV.

L'enfant, douée des plus heureuses dispositions, fut dirigée par sa mère qui était elle-même une femme remarquable, et qui sut en faire un modèle de grâce et de savoir.

Catherine n'avait que douze ans lorsqu'elle épousa Charles d'Angennes qui, onze ans plus tard (1611), devint marquis de Rambouillet. Dès son arrivée à la cour, la jeune femme eut un succès immense, mais son instinct la garda contre les entraînements, et elle ne vit bientôt dans tous ces courtisans qu'une cohue avide de gens prêts à tout sacrifier à leurs intérêts personnels. Cette découverte fit que, se trouvant déplacée, elle résolut de se créer un milieu à elle, mais un milieu trié sur le volet, où n'auraient accès que les gens de bon ton, de savoir et d'esprit cultivé. Son immense fortune, ses hautes relations permirent à la marquise de donner à son idée un cadre digne de sa destinée. Elle traça elle-même les plans de l'édifice qu'elle fit construire dans la rue Saint-Thomas du Louvre, édifice qui porte dans l'histoire le nom d'*hôtel de Rambouillet*.

A vrai dire, cet édifice n'était pas entièrement neuf. Il s'élevait sur un terrain que la marquise avait apporté en dot à son mari et qui contenait déjà un immeuble dont elle conserva la façade.

Cet hôtel, occupant dans l'histoire une place importante, nos lectrices nous sauront peut-être gré de leur donner un aperçu de ce qu'il était :

Sur une façade rouge assez insignifiante, s'ouvrait une porte, ornée de stalactites et de chaque côté de laquelle était une statue de femme, vêtue à l'antique qui indiquait l'entrée du vestibule. Un peu en arrière, se trouvait une paire de lions, en vis-à-vis, portant l'écusson armorié. Le plafond du vestibule était supporté par une double rangée de colonnes doriques, et les murs étaient ornés de fresques mythologiques.

Au rez-de-chaussée, se trouvaient les salons de réception. Cependant la marquise, ennemie de la routine, ne voulut pas se conformer aux usages reçus alors, qui voulaient que l'escalier partageât en deux parties égales le corps de bâtiment ; elle fit élever le sien dans une tourelle d'angle et, pour battre en brèche les préjugés du temps, elle fit percer de hautes fenêtres dans toute la hauteur des étages, au lieu de se contenter des minuscules ouvertures qui étaient de mode à Paris. Ainsi, l'air entrait à flots et le regard se perdait dans les perspectives du Carrousel et des Tuileries. Mais la marquise n'était pas un architecte ordinaire et là ne se bornait pas son savoir-faire. Précurseur de ceux qui ont eu l'idée des calorifères, elle bannit de son hôtel l'usage des cheminées et fit installer partout des tuyaux de fonte destinés à amener l'air chauffé.

« Pour décorer le grand salon, la marquise avait fait appel à toutes les ressources d'un luxe inouï jusqu'à ce jour. Les murailles sont tendues de velours violet, encadré dans des bordures brochées d'or ; et Rubens, appelé d'Anvers par Marie de Médicis pour orner le palais du Luxembourg, a daigné mettre également ses illustres pinceaux au service de madame de Rambouillet. Il a peint au plafond l'*Enlèvement d'Amphitrite par Neptune*. Des corniches en larges feuilles d'acanthe dorées entourent cette magnifique page du grand maître. Les meubles sont en rapport avec le grandiose des décorations, et, çà et là, devant les fauteuils, s'étalent de légers pupitres à claire-voie, destinés à soutenir les manuscrits des lecteurs. »

Le goût de la marquise, on le voit, était parfait. Elle s'avisa, chose inouïe alors, de substituer des tons clairs et gais aux couleurs sombres dont on avait coutume de revêtir les lambris. Enfin, elle fit tant et si bien que lorsque Marie de Médicis fit bâtir le Luxembourg, elle envoya ses architectes étudier la construction de l'hôtel de Rambouillet. Ce n'était pas une mince gloire pour l'auteur de ces merveilles, une jeune femme à peine âgée de vingt-cinq ans.

Madame de Rambouillet était sans contredit la nature la meilleure et la plus distinguée de son siècle. Son plus grand plaisir était de recevoir, et de renvoyer ses hôtes heureux et satisfaits. Aussi, être distingué par elle était un honneur.

Tous les écrivains de l'époque sont unanimes pour louer l'affabilité, l'obligeance, le dévouement et la sincérité de la muse qui présidait à l'hôtel de Rambouillet. Mais ce qui, outre ces précieuses qualités, fit à la marquise une place à part dans l'histoire, ce fut le savoir qu'elle possédait, le charme de sa conversation et enfin l'influence civilisatrice qu'elle exerça sur les arts et les lettres. Pourtant sa tâche n'était pas aisée. Voici pourquoi :

Henri IV et Sully, obligés à la plus stricte économie, de même que les autres ministres jusqu'à Richelieu, avaient eu d'autres soucis en tête que la protection et l'encouragement des beaux-arts. Richelieu, lui-même, trop fier de ses propres talents, méprisait ceux d'autrui. De plus, les hommes de lettres, — Voiture, Balzac, Corneille, Segrais, — étaient des roturiers et ils devaient s'estimer heureux d'être pour ainsi dire les humbles valets des grands seigneurs.

L'hôtel de Rambouillet, sous l'influence de la marquise, devint un terrain neutre, où les arts se donnèrent la main. Le roturier de talent y fut l'égal des princes et nulle autorité, si ce n'est celle de la maîtresse de la maison et celle du génie, n'y rappelait que l'on vivait en pleine féodalité.

Tous les hommes en renom furent les hôtes de ce salon célèbre ; outre ceux que nous avons déjà nommés, on y voyait Costar, Sarrazin, Valentin Conrart, Patru, d'Urfé, Scarron, Saint-Évremond, Benserade, le duc de la Rochefoucauld, Bossuet, mademoiselle de Scudéri, Anna de Rohan, mademoiselle de Coligny, la marquise de Sablé, la duchesse de Longueville, le cardinal de Richelieu enfin, qui, alors qu'il n'était encore qu'Armand du Plessis, y soutint, dit-on, une thèse d'amour.

Cette nomenclature de noms illustres fait comprendre la part que l'hôtel de Rambouillet prit dans le développement de la littérature du XVIIe siècle. Et l'on ne doit point oublier que la politesse gagna au moins autant que la langue. La marquise était un modèle de savoir-vivre, et elle apportait en toutes choses une forme cérémonieuse et délicate qu'elle conservait même dans les relations les plus intimes.

Or, tous ces progrès étaient l'œuvre d'une femme.

Malheureusement, à toute chose il est un revers et l'hôtel de Rambouillet ne sut pas se maintenir à la hauteur de ses débuts. Bientôt, le tour prétentieux, l'afféterie, les phrases ampoulées bannirent la simplicité. Les hôtes mêmes de l'hôtel ne surent plus se contenter de leurs noms qu'ils considérèrent comme trop vulgaires et ils s'affublèrent d'appellations absurdes : Chapelain devint Chrysanthe ; Sarrazin, Sésostris, Scudéri, Sanaïde, la marquise de Rambouillet, Arthénice, etc. Enfin le langage, à force de s'épurer, devint subtil et précieux. On en vint à ne plus oser appeler les choses par leur nom et à faire un usage immodéré de la périphrase.

Toutefois cette expression de *langage précieux*, s'entendit d'abord dans un bon sens; elle était synonyme de langage pur et poli, de ce qu'on appelait alors « style galant ».

Quant au nom de Précieuses sous lequel on désignait les femmes qui faisaient partie du groupe, il n'eut point non plus, au commencement, le sens qu'on lui donna dans la suite.

Il ne faut pas en effet confondre dans le même ridicule l'hôtel de Rambouillet et les salons qui en voulant l'imiter justifièrent les critiques que ne leur ménagèrent ni la satire ni la comédie.

Ménage rapporte que tous les habitués de l'hôtel de Ra mbouillet assistèrent à la première représentation des *Précieuses ridicules* de Molière et que la pièce obtint leurs suffrages.

Molière lui-même, d'ailleurs, s'est défendu d'avoir visé des personnes dont il appréciait le caractère et l'esprit (1).

Madame de Rambouillet ne voulut jamais permettre aux discussions politiques de prendre pied chez elle et elle eut le courage de répondre au cardinal qui lui faisait certaines ouvertures, « qu'elle se sentait peu propre au métier d'espion ».

La marquise eut sept enfants, dont deux garçons seulement : l'un mourut tout jeune et l'autre fut tué à la bataille de Nordlingen. Trois des filles entrèrent dans les ordres ; une autre devint madame de Grignan et la dernière madame de Montausier.

Deux de ses filles mariées et absentes, les autres cloîtrées, son mari mort en 1652, madame de Rambouillet se trouva seule et triste dans cet hôtel dont les débuts avaient été si brillants. Les infirmités étaient venues avec l'âge et en même temps les souffrances et l'abattement. Enfin, en 1665, le 2 décembre, la marquise s'éteignit entourée de quelques amis.

Cette femme si amoureuse des lettres et des arts qu'elle avait réuni chez elle la pléiade d'artistes la plus belle qui se soit rencontrée, n'écrivit jamais qu'un modeste quatrain :

Ci-gît Arthénice, exempte des rigueurs
Dont la rigueur du sort l'a toujours poursuivie,
Et si tu veux, passant, compter tous ses malheurs,
Tu n'auras qu'à compter les moments de sa vie.

(1) Molière. *Préface des Femmes savantes.*

C'était sa propre épitaphe qu'elle avait composée.

Madame de Rambouillet est une des grandes figures d'une époque où cependant le génie fut répandu. Son nom restera comme celui d'une femme hospitalière qui sut adoucir les mœurs, épurer la langue et inspirer ses amis.

MADELEINE DE SCUDÉRI

ADEMOISELLE de Scudéri naquit au Havre en 1607. De bonne heure, elle vint à Paris où la nécessité la décida à écrire. Bientôt, tout concourut à faire parler d'elle : les agréments de son esprit, la difformité de son visage et surtout les romans dont elle inonda le public et que Boileau appelait une *boutique de verbiage.* La plupart de ceux qu'elle a composés ne sont que le tableau de ce qui se passait à la cour de France. Les petits maîtres applaudirent surtout la carte du « Pays de *Tendre* », qui se trouve dans *Clélie.* Cette carte représente trois rivières, sur lesquelles sont situées trois villes nommées *Tendre-sur-Inclination*, *Tendre-sur-Estime* et *Tendre-sur-Reconnaissance.* L'abbé d'Aubignac lui enleva la gloire de cette frivole découverte en publiant sa *Relation du royaume de Coquetterie.* Ce plagiat excita une querelle qui aurait pu devenir piquante, si mademoiselle de Scudéri n'avait pris le parti du silence.

Elle mourut à Paris le 2 juin 1701. Ses amis l'appelèrent la *Sapho* de son siècle. Les personnages les plus célèbres de l'Europe étaient en commerce de lettres avec elle. L'Académie des Ricovrati de Padoue se l'associa. Son *Discours sur la gloire* remporta le premier prix d'éloquence que l'Académie française ait donné. La reine Christine de Suède, le cardinal Mazarin, le chancelier Boucherat et Louis XIV lui firent des pensions.

Le célèbre Nanteuil la peignit au pastel et mademoiselle de Scudéri l'en remercia par ces vers :

Nanteuil, en faisant mon image,
A de son art divin signalé le pouvoir;
Je hais mes traits dans mon miroir
Je les aime dans son ouvrage.

On ne peut nier qu'elle ait répandu de la délicatesse et du charme dans ses vers; sa prose n'en offre pas moins; et dans ses romans même, qu'on echercha trop d'abord, et qu'on dédaigna peut-être trop ensuite, il y a plusieurs traits ingénieux et des portraits très bien rendus et pleins de finesse.

« *Clélie*, dit Voltaire, est un ouvrage plus curieux qu'on ne pense. On y trouve les portraits de tous les gens qui faisaient du bruit dans le monde du temps de mademoiselle de Scudéri; tout Port-Royal y est; le château de Villars, qui appartient aujourd'hui à M. le duc de Praslin, y est décrit avec la plus grande exactitude. »

Ceux qui aiment à connaître les mœurs et les personnages de ce temps-là y trouveraient encore d'autres renseignements utiles.

Ensuite, mademoiselle de Scudéri publia *Artamène* ou *le Grand Cyrus* qui ne compte pas moins de dix volumes. « On y voit, dit l'abbé Trublet, un modèle des conversations savantes et ingénieuses de l'hôtel de Rambouillet. On me dira peut-être que ce n'est pas pour en donner une grande idée, et il faut avouer, en effet, que les conversations de ces romans paraissent ennuyeuses à la plupart du monde, et qu'elles ont beaucoup contribué à dégoûter des romans mêmes. Ce n'est pas que plusieurs ne soient assez belles; mais elles sont mal placées dans un roman où le lecteur cherche des faits et non des discours. Elles interrompent quelquefois la narration quand elle est le plus intéressante et reculent un dénouement qu'on attendait avec impatience... »

Telles furent en effet les raisons pour lesquelles les romans de mademoiselle de Scudéri cessèrent de plaire. *Célanire*, *Ibrahim*, *Almahide*, *Célinthe*,

Mathilde d'Aguilar, *Conversations et Entretiens*, forment une collection d'ouvrages qu'on lisait autrefois pour se former aux belles manières et à la politesse ; mais le ton de la société ayant bien changé depuis, leur lecture, sous ce rapport, est devenue moins utile.

La douceur de caractère de mademoiselle de Scudéri lui fit beaucoup d'amis illustres. Les princes et les princesses de la famille royale ne dédaignaient pas sa société et aimaient sa conversation. Elle avait souvent des saillies. Ayant visité le donjon de Vincennes, où Condé avait été prisonnier, on lui montra un endroit dans lequel ce prince avait fait mettre des œillets qu'il arrosait tous les jours ; elle fit aussitôt sur cette circonstance les vers suivants :

En voyant ces œillets qu'un illustre guerrier
Arrosa d'une main qui gagna des batailles,
Souviens-toi qu'Apollon bâtissait des murailles
Et ne t'étonne pas de voir Mars jardinier.

Une autre fois, un banquier l'éclaboussa des roues de sa voiture : « Cet homme-là, dit-elle, est vindicatif; nous l'avons crotté autrefois, il nous crotte aujourd'hui. »

La belle-sœur de mademoiselle de Scudéri fut aussi femme d'esprit. Plusieurs de ses lettres figurent parmi celles de Bussy-Rabutin.

MADAME DE MOTTEVILLE

RANÇOISE Bertaut, plus tard madame de Motteville, naquit vers 1621 ; c'était la nièce du poète-évêque, illustre en son temps, que Ronsard et Boileau ont apprécié et loué. Elle reçut une éducation très soignée et très littéraire. Son père, Pierre Bertaut, était gentilhomme ordinaire de la chambre du roi ; sa mère, sachant l'espagnol comme sa propre langue, était employée par Anne d'Autriche à faire sa correspondance de famille ; elle profita de cette faveur pour attacher sa fille à la reine, dès 1626, mais Richelieu, pour des motifs politiques, écarta la mère et la fille et toutes deux se rendirent en Normandie.

En 1639, Françoise épousa M. Langlois de Motteville qui avait quatre-vingts ans. Elle n'en avait que dix-huit. C'est en la compagnie de ce vieillard, que madame de Motteville attendit la mort de celui qu'elle considérait avec juste raison comme son ennemi, de Richelieu. Lorsque l'événement se produisit, elle fut rappelée par la reine qui la prit comme femme de chambre.

Sage, discrète, d'un esprit doux et fin, d'une curiosité à la fois sérieuse et enjouée, elle passa ainsi vingt-deux années dont quelques-unes furent agitées des plus violents orages. Fidèle et dévouée sans se piquer d'être héroïque, elle sut accommoder les timidités de son sexe avec les obligations et les devoirs de son état, et vivre à la cour dans les règles de la plus exacte probité. Veuve à vingt ans, madame de Motteville ne se remaria jamais et consacra ses loisirs à la rédaction de ses *Mémoires* qui jettent sur un monde disparu une lumière si attachante.

Ces *Mémoires* commencent par un abrégé de la vie de la reine, depuis son arrivée en France jusqu'à la mort de Louis XIII et à la Régence. Mais la partie la plus originale est celle qui prend à partir de là et parle de ce qui s'est passé à portée de vue de l'auteur. Lorsqu'elle revient à la cour en 1643, madame de Motteville nous décrit les divers personnages en scène, les divers intérêts des cabales; elle se montre à nous, au milieu de ces grandes intrigues, comme un simple spectateur désintéressé.

« Les cabinets des rois, dit-elle, sont des théâtres où se jouent continuellement des pièces qui occupent tout le monde; il y en a qui sont simplement comiques; il y en a aussi de tragiques dont les plus grands événements sont toujours causés par des bagatelles. »

Et ce sont ces comédies et ces drames que madame de Motteville prend à tâche d'écrire au moment où les autres dames sont à la promenade ou au jeu. Elle a aussi laissé des portraits très vivants d'Anne d'Autriche et de Mazarin, de la reine d'Angleterre et de la reine Christine. Tout cela est écrit en un style abondant en métaphores curieuses. Voulant dire, par exemple, que les rois ne voient jamais le mal et le danger qu'à la dernière extrémité et qu'on les leur déguise à travers mille nuages : « La vérité, dit-elle, que les poètes et les peintres représentent toute nue, est toujours habillée devant eux de mille façons; et jamais mondaine n'a si souvent changé de mode que celle-là en change quand elle va dans les palais des rois. » Montrant Mazarin, habile à tirer parti de l'excès même des accusations et des haines, à les neutraliser, à les tourner à son profit : « Le cardinal Mazarin, dit-elle, avait fait des injures ce que Mithridate avait fait du poison, qui, au lieu de le tuer, vint enfin par la coutume à lui servir de nourriture... »

A mesure qu'ils approchent des agitations civiles et des troubles de la

Fronde, les *Mémoires* de madame de Motteville deviennent de plus en plus sérieux; elle courut même à cette époque quelques dangers. N'ayant pu suivre, dans les premiers jours de 1649, la reine fugitive à Saint-Germain, et l'ayant voulu rejoindre ensuite, elle fut arrêtée avec sa sœur à la porte Saint-Honoré par une populace furieuse et elle dut aller se réfugier au pied du maître-autel à Saint-Roch, où il fallut que quelques-uns de ses amis, avertis au plus tôt, vinssent la délivrer. Elle rejoignit plus tard la reine et la quitta encore quelquefois, car cette femme distinguée, n'était pas — elle l'avoue elle-même humblement, — une amazone ni une héroïne; elle avait peine à se mettre au-dessus des terreurs de son sexe.

Cette personne rare, cette honnête femme de tant de jugement et d'esprit, mourut en décembre 1689, vers l'âge de soixante-huit ans. On ne peut l'apprécier à toute sa valeur qu'en l'accompagnant dans tout le cours de ses *Mémoires* dont des citations ne peuvent rendre le caractère tranquille, exact et attachant

MADAME DE SÉVIGNÉ

ADAME de Sévigné a élevé le style épistolaire à la hauteur d'un art. Ses lettres sont restées comme la personnification de la grâce écrite ; c'est à sa correspondance qu'elle doit la place qu'elle occupe dans l'histoire de la littérature.

C'est au château de Bourbilly, non loin de Semur, que naquit le 5 février 1627, Marie de Rabutin-Chantal. Elle était fille de Celse-Bénigne de Rabutin, baron de Chantal, et de Marie de Coulanges, qui moururent tous deux sans avoir pu élever leur fille, l'un, tué au siège de la Rochelle le 22 juillet 1627, et l'autre à la suite d'une courte maladie en 1636. Ce fut, dès lors, l'abbé de Coulanges qui se chargea de sa nièce la petite Marie et qui justifia par ses soins dévoués le titre de « bien bon » qu'elle lui conserva toujours dans sa correspondance. Il l'éleva à Livry dont il possédait la belle abbaye et lui fit donner une instruction rare; Ménage lui enseigna le français, l'italien, le latin et l'espagnol ; Chapelain l'initia aux beautés de la littérature française. Admise à la cour, elle fréquenta la haute société qui entourait Anne d'Autriche et cette fréquentation, en développant chez elle la grâce et l'élégance, mit en relief sa beauté, moins remarquable par la régularité des traits que par une éclatante fraîcheur.

Vive et spirituelle, gaie et jolie, possédant une dot considérable, Marie de Rabutin-Chantal ne manqua pas de prétendants. Cependant, quoiqu'elle ne parût pas pressée de se marier, le marquis de Sévigné, maréchal de camp, gouverneur de Fougères, sut se faire agréer, et le mariage fut célébré le 1er août 1644. Cette union, qui faisait de Marie la parente des Clisson, des Du Guesclin, des Montmorency, des Rohan, etc., ne fut pas heureuse. Le marquis emmena la jeune femme dans sa terre des Rochers près de Vitré, en Bretagne, où il lui fit passer deux années d'une existence morne et triste. Puis ils revinrent à Paris où il continua de ne répondre à son affection que par de la brusquerie et de la mauvaise humeur. Pour exprimer la différence de leurs sentiments mutuels, on disait que son mari l'estimait et ne l'aimait point, tandis qu'elle l'aimait sans l'estimer. Il mourut en 1651, tué en duel par le chevalier d'Albret. Il laissait deux enfants, un fils et une fille.

Veuve à vingt-quatre ans, madame de Sévigné, malgré sa jeunesse et sa beauté, ne songea pas à se remarier. Après avoir mis de l'ordre dans ses affaires que les dépenses folles de son mari avaient compromises, elle se consacra tout entière à l'éducation de ses enfants, surtout de sa fille dont elle fit l'objet d'une sorte de culte, d'adoration perpétuelle. Arnauld d'Andilly la traitait à cette occasion de « jolie païenne qui faisait de sa fille une idole dans son cœur ». Son extase devant les perfections de cette enfant chérie, les louanges enthousiastes qu'elle lui prodiguait sur son esprit et surtout sur sa beauté devaient engendrer chez celle qui en était l'objet un égoïsme dont sa mère elle-même eut maintes fois à souffrir, dans la suite.

Madame de Sévigné fit faire à sa fille de brillantes études. Elle lui transmit d'abord ses connaissances, lui enseigna le latin. Elle lisait Tacite avec elle et lui en exposait les beautés. Elle l'initia aux questions les plus sérieuses de la philosophie et de la théologie pour lesquelles la jeune fille se prit d'une véritable passion.

Tout en s'occupant de l'éducation de ses enfants, madame de Sévigné ne négligea point ses amis auxquels elle donna en toute occasion des preuves de son inébranlable dévouement. Engagée dans la Fronde, elle demeura toujours attachée, même dans l'adversité, à ceux qui en avaient été les chefs et le cardinal de Retz eut en elle un défenseur dévoué.

Son goût pour les choses de l'esprit et les œuvres littéraires lui faisait rechercher la société des écrivains, et il faut signaler à part ses relations avec les solitaires de Port-Royal auxquels elle témoigna toujours une affection filiale

LES ROCHERS.

et passionnée. Mais ces liaisons sérieuses ne l'empêchaient pas de se donner au monde de la cour et d'y tenir son rang. Elle en suivait les affaires, les intrigues, les menées, en recueillait les menus faits dont elle faisait, pêle-mêle avec les choses du plus haut intérêt, un des aliments de son inépuisable correspondance.

Celui des amis de madame de Sévigné envers lequel elle se montra le plus dévouée fut sans contredit le surintendant Fouquet. Lors du procès à la suite duquel Louis XIV le fit condamner à une détention perpétuelle, dans le château de Pignerol, madame de Sévigné s'employa auprès de tous les gens influents, en faveur de l'infortuné ministre, et chaque jour, sous forme de journal, elle tenait le marquis de Pomponne au courant des diverses phases du procès. Ces lettres — elle en écrivit douze — constituaient un véritable danger pour leur auteur, car elles eussent pu être interceptées et madame de Sévigné n'y déguisait ni son attachement pour le ministre en disgrâce, ni son indignation contre les persécuteurs de Fouquet. Il y règne une extrême simplicité d'expression, indice d'un chagrin profondément senti. Nous citons ci-dessous celle que madame de Sévigné écrivit à l'issue du procès.

« Ce matin, à dix heures, dit-elle, on a amené M. Fouquet à la chapelle de la Bastille; Foucault tenait son arrêt à la main. Il lui a dit : « Monsieur, il faut me dire votre nom, afin que je sache à qui je parle. » M. Fouquet a répondu : « Vous savez bien qui je suis et, pour mon nom je ne le dirai pas plus ici que je ne l'ai dit à la Chambre; et pour suivre le même ordre, je fais mes protestations contre l'arrêt que vous m'allez lire. » On a écrit ce qu'il disait, et en même temps Foucault s'est couvert et a lu l'arrêt. M. Fouquet l'a entendu découvert. Ensuite on a séparé de lui Pecquet et Lavalée, et les cris et les pleurs de ces pauvres gens ont pensé fendre le cœur de ceux qui ne l'ont pas de fer. Ils faisaient un bruit si étrange que M. d'Artagnan a été obligé de les aller consoler, car il semblait que c'était un arrêt de mort qu'on vînt lire à leur maître. On les a mis tous deux dans une chambre à la Bastille; on ne sait ce qu'on en fera.

« Cependant M. Fouquet est allé dans la chambre de M. d'Artagnan pendant qu'il y était; il a vu, par la fenêtre, passer M. d'Ormesson, qui venait de reprendre quelques papiers qui étaient entre les mains de M. d'Artagnan. M. Fouquet l'a aperçu. Il l'a salué avec un visage ouvert et plein de joie et de reconnaissance; il lui a même crié qu'il était son très humble serviteur. M. d'Ormesson lui a rendu son salut avec une très grande civilité, et s'en est venu le cœur tout serré, me conter ce qu'il avait vu.

« A onze heures, il y avait un carrosse prêt où M. Fouquet est entré avec quatre hommes; M. d'Artagnan à cheval avec cinquante mousquetaires. Il le conduira jusqu'à Pignerol où il le laissera en prison sous la conduite d'un nommé Saint-Mars, qui est fort honnête homme, et qui prendra cinquante soldats pour le garder. Je ne sais si on lui a redonné un autre valet de chambre : si vous saviez comme cette cruauté paraît à tout le monde, de lui avoir ôté ces deux hommes, Pecquet et Lavalée! C'est une chose inconcevable ; on en tire même des conséquences fâcheuses dont Dieu le préserve, comme il a fait jusqu'ici! Il faut mettre sa confiance en lui et le laisser sous sa protection, qui lui a été si salutaire.

« On lui refuse toujours sa femme. On a obtenu que la mère n'irait qu'au Parc, chez sa fille qui en est abbesse. L'Écuyer suivra sa belle-sœur, il a déclaré qu'il n'avait pas de quoi se nourrir ailleurs. M. et madame Charost vont toujours à Ancenis, M. Bailly, avocat général, a été chassé pour avoir dit à Gisaucourt, avant le jugement du procès, qu'il devrait bien remettre la compagnie du grand conseil en honneur, et qu'elle serait déshonorée si Chamillard, Pussort et lui allaient le même train. Cela me fâche à cause de vous : voilà une grande rigueur.

« Mais non, ce n'est point de si haut que cela vient. De telles vengeances rudes et basses ne sauraient partir d'un cœur comme celui de notre maître. On se sert de son nom, et on le profane, comme vous voyez. Je vous manderai la suite... »

En 1633 madame de Sévigné présenta à la cour sa fille âgée de seize ans et put s'enivrer des succès qu'y obtint sa beauté, vantée à l'envi par les connaisseurs et célébrée par les poètes.

Plusieurs seigneurs demandèrent sa main ; le comte de Grignan ayant été agréé, le mariage fut célébré le 27 janvier 1669. Certes, l'alliance était belle en apparence. François-Adhémar de Monteil, comte de Grignan, était attaché à la cour et tout semblait lui promettre un avenir brillant. Mais il avait dix-sept ans de plus que sa jeune femme et avait été déjà marié deux fois. Veuf en premier lieu de Lucie d'Angennes, fille de la marquise de Rambouillet, il avait épousé en secondes noces mademoiselle Puy du Fou.

L'union de mademoiselle de Sévigné avec le comte de Grignan ne fut pas plus heureuse que n'avait été celle de sa mère avec le marquis de Sévigné, et la jeune femme dut engager toute sa fortune pour apaiser les créanciers de son mari, qui sans cesse venaient aboyer à sa porte.

Quinze ou seize mois après son mariage, M. de Grignan fut nommé lieutenant général du gouvernement de la Provence et y emmena sa femme. Cette séparation fut douloureuse pour madame de Sévigné, qui n'en put jamais prendre son parti, et c'est de ce moment que date sa passion pour le commerce épistolaire.

Afin de se rendre en quelque sorte toujours présente auprès de sa fille, elle commença avec elle, sous forme de lettres, une sorte de conversation à distance dans laquelle elle se plut à épancher son cœur et son esprit.

Dans les intervalles souvent très longs qui s'écoulaient entre ses visites en Provence et les voyages de sa fille à Paris, madame de Sévigné habitait alternativement Paris, à l'hôtel Carnavalet, et sa terre des Rochers, où elle s'occupait de régler elle-même les comptes de ses fermes et de réparer, par une sage administration, les suites des prodigalités de son mari. A Paris, comme aux Rochers, ses meilleurs moments étaient ceux qu'elle passait à écrire à sa fille et c'est sa volumineuse correspondance qui nous permet de suivre pas à pas, pendant vingt-six années, l'existence de la femme la plus aimable et la plus spirituelle de son temps.

Dans ses lettres à sa fille elle mettait le meilleur d'elle-même.

« Je vous donne avec plaisir le dessus de tous les paniers, disait-elle, c'est-à-dire la fleur de mon esprit, de ma tête, de mes yeux, de ma plume, de mon écritoire, et puis le reste va comme il peut. Je me divertis autant à causer avec vous que je laboure avec les autres... »

Dans cette autre lettre, on sent l'effusion d'une âme qui déborde d'une tendresse inépuisable.

« ... Mais ce que je ferai beaucoup mieux que tout cela, dit-elle, c'est de penser à vous, ma fille ; je n'ai pas encore cessé depuis que je suis arrivée, et, ne pouvant contenir tous mes sentiments, je me suis mise à vous écrire au bout de cette petite allée sombre que vous aimez, assise sur ce siège de mousse où je vous ai vue quelquefois couchée. Mais, mon Dieu ! où ne vous ai-je point vue ici ? Et de quelle façon toutes ces pensées me traversent-elles le cœur ? Il n'y a point d'endroit, point de lieu, ni dans la maison, ni dans le pays, ni dans le jardin, où je ne vous aie vue : il n'y en a point qui ne me fasse souvenir de quelque chose. De quelque manière que ce soit, cela me perce le cœur ; je vous vois, vous m'êtes présente ; je pense et repense à tout ; ma tête et mon esprit se creusent : mais j'ai beau tourner, j'ai beau chercher, cette chère enfant que j'aime avec tant de passion est à deux cents lieues de moi ; je ne l'ai plus ! Sur cela, je pleure sans pouvoir m'en empêcher. Ma chère bonne, voilà qui est bien faible ; mais pour moi, je ne sais point être forte contre une tendresse si juste et si naturelle... Je vous prie de ne point parler de mes faiblesses ; mais vous devez les aimer et respecter mes larmes, puisqu'elles viennent d'un cœur tout à vous. »

L'affection de madame de Sévigné pour sa fille ne l'empêcha pas de s'occuper du sort de son fils. Elle commença par lui acheter une charge de guidon et ensuite une sous-lieutenance dans les gendarmes du Dauphin. Homme de plaisir comme son père, le jeune officier n'en était pas moins un vaillant militaire. Le 11 août 1674, au combat de Senef, il resta longtemps en butte à l'artillerie ennemie et reçut une blessure ; au siège d'Aire, *il s'était établi dans la tranchée et sur la contrescarpe comme s'il eût été chez lui ;* à Saint-Denis, près de Mons, le 14 août 1678, il soutint une batterie contre le feu de neuf canons, avec un tel courage qu'il mérita l'éloge de ses adversaires.

Ce fut à cette époque (1678) que madame de Sévigné abandonna la cour pour se retirer aux Rochers, près de Vitré.

Malgré tout, Henri de Sévigné ne parvint pas à la fortune brillante que sa mère souhaitait pour lui. Il se maria le 8 février 1684 avec Jeanne de Bréhant-Mauron et vécut heureux dans son ménage, après avoir, pendant sa jeunesse, mené une vie assez dissipée. Il mourut sans postérité. Madame de Grignan, elle, eut trois enfants ; un fils qui rétablit l'opulence de la famille par son mariage avec la fille d'un riche fermier général, une fille qui se fit religieuse à Aix et enfin une autre fille élevée par sa grand'mère et qui devint la marquise de Simiane. Ce fut cette dernière qui, en 1726, autorisa la publication des lettres de sa grand'mère, mais elle eut le tort d'en retrancher toutes les réponses de madame de Grignan, privant ainsi la postérité de renseignements précieux sur ce qu'avait été l'existence de la fille tant chérie de la marquise de Sévigné.

Celle-ci vécut jusqu'à près de soixante-dix ans. Elle put assister aux mariages de sa petite-fille et de son petit-fils. Mais peu après, ayant soigné sa fille atteinte d'une maladie dangereuse, elle tomba malade à son tour et mourut de la petite vérole, après dix jours de souffrances. Elle fut inhumée dans l'église de Grignan, où, il, y a un demi-siècle, on pouvait encore lire sur une tombe de marbre blanc l'épitaphe suivante :

CI-GIT

MARIE DE RABUTIN-CHANTAL

MARQUISE DE SÉVIGNÉ

DÉCÉDÉE LE 18 AVRIL 1696.

La *Correspondance de Madame de Sévigné* est à la fois un des grands monuments littéraires du XVIIe siècle et l'un des documents les plus précieux. Elle nous montre admirablement la société aristocratique à laquelle appartenait son auteur.

MADAME DE SÉVIGNÉ.

L'expression de la tendresse et de l'admiration d'une mère pour sa fille n'aurait pu suffire à alimenter une conversation écrite qui dura plus de trente ans ; d'autres sujets y tiennent leur place, aussi bien le récit des événements importants, politiques ou littéraires, que le compte rendu des incidents journaliers, sermons, visites, querelles de cour ou de salons.

Puis aussi, quand elle est soit aux Rochers, soit à Livry, chez l'abbé de Coulanges, madame de Sévigné qui aimait la nature, se plaît à en décrire les charmes.

« Je suis venue ici, dit-elle, achever les beaux jours et dire adieu aux feuilles ; elles sont encore toutes aux arbres, elles n'ont fait que changer de couleur ; au lieu d'être vertes elles sont aurore, et de tant de sortes d'aurore que cela compose un brocart d'or riche et magnifique, que nous voulons trouver plus beau que du vert, quand ce ne serait que pour changer. »

Elle décrit aussi sa tourelle, sous laquelle chantent la fauvette et le rossignol.

Une telle *Correspondance* est aussi importante et aussi instructive que des *Mémoirres*. Madame de Sévigné s'y présente à nous comme un témoin de son siècle, témoin sensible et ému, et l'ensemble de ses lettres, sans être le résultat d'un arrangement littéraire, répond admirablement à la suite des événements auxquels elle a assisté.

Il est dans le livre d'or des lettres françaises, des morceaux entiers où madame de Sévigné sert de thème aux joutes des plumes les plus éloquentes. Sa gaieté, sa grâce, son tact exquis, le sentiment des convenances, la sensibilité la plus douce donnent à ses *Lettres* ces mérites que nul n'a contestés. On a pu lui reprocher un certain air de prétention; mais il faut se reporter à l'époque d'où datent ces lettres et faire la part du langage du jour.

Ce qui frappe tout d'abord dans cette correspondance, c'est la vivacité naturelle, l'abandon aux impressions du moment, la préoccupation de rendre la pensée tout entière dans son exubérance passionnée. Écrivain de race, madame de Sévigné manie avec liberté et souplesse une langue qui n'a pas encore acquis toute sa fixité. Elle en épuise le lexique, le vocabulaire ; au besoin même, elle l'enrichit ; quand l'expression manque elle la forge. Elle n'a pas seulement la grâce féminine, elle a, en outre, la verve, la finesse, le naturel. Cependant, elle est bien de son temps, elle a fréquenté l'hôtel de Rambouillet et il lui arrive parfois de sacrifier au bel esprit. C'est ainsi qu'elle dit à son cousin, Bussy-Rabutin :

« Je suis un peu fâchée que vous n'aimiez pas les madrigaux. Ne sont-ils pas les maris des épigrammes? Ce sont de si jolis ménages, lorsqu'ils sont bons! »

Mais à côté de quelques préciosités de langage, que de véritable esprit ne trouve-t-on pas dans ces admirables lettres; que de vivacité, d'enjouement, d'imagination, que de nuances délicates ; que d'éloquence même, en certains endroits !

« Je suis tellement éperdue de la nouvelle de la mort très subite de M. de Louvois, — écrit-elle à M. de Coulanges — que je ne sais par où commencer pour vous en parler. Le voilà donc mort, ce grand ministre, cet homme si considérable, qui tenait une si grande place, dont le « moi, » comme dit M. Nicole, était si étendu, qu'il était le centre de tant de choses ! Que d'affaires, que de desseins, que de projets, que de secrets, que d'intérêts à démêler, que de guerres commencées, que d'intrigues, que de beaux coups d'échecs à faire et à conduire ! Ah ! mon Dieu, donnez-moi un peu de temps, je voudrais bien donner un échec au duc de Savoie, un mot au prince d'Orange. Non, non, vous n'aurez pas un seul, un seul moment. Faut-il raisonner sur cette étrange aventure? Non, en vérité, il y faut réfléchir dans son cabinet. Voilà le second ministre que vous voyez mourir depuis que vous êtes à Rome, rien n'est plus différent que leur mort, mais rien n'est plus égal que leur fortune et les cent millions de chaînes qui les attachaient tous deux à la terre. »

Au talent naturel de madame de Sévigné il faut ajouter les dons acquis par la fréquentation des grands esprits de son temps et par l'éducation soignée qu'elle avait reçue. Elle ne cessa jamais d'étendre son instruction, lisant Tacite et Quintilien, Virgile et le Tasse dans le texte même. Elle lisait et relisait Montaigne ; les *Essais de morale* de Nicole étaient son aliment quotidien. Tout l'intéressait ; elle raisonnait métaphysique et religion, entremêlant les discussions d'anecdotes plaisantes, sachant allier la frivolité mondaine à la plus parfaite solidité d'esprit.

Les lettres de madame de Sévigné n'étaient pas composées pour la postérité ; c'est pour sa fille seule qu'elle prétend écrire. « En vérité, disait-elle, il faut un peu, entre amis, laisser trotter les plumes comme elles veulent ; la mienne a toujours la bride sur le cou. » Elle n'ignorait cependant pas qu'au château de Grignan chacune de ses missives était attendue avec impatience et écoutee avec admiration.

Quelques-unes eurent même, sous des noms particuliers, une notoriété spéciale, et leur auteur savait fort bien qu'on s'en occupait et qu'on les goûtait, dans le monde.

Parmi les lettres qui firent le plus sensation, il faut citer celle où madame de Sévigné parle de son domestique Picard « qui ne voulait pas faner ».

« Vous savez, dit-elle (elle écrit des Rochers à M. de Coulanges, en juillet 1671), vous savez qu'on fait les foins; je n'avais point d'ouvriers; j'envoie dans cette prairie que les poètes ont célébrée, prendre tous ceux qui travaillaient pour venir nettoyer ici et, en leur place, j'envoie mes gens faner. Savez-vous ce que c'est que faner? Il faut que je vous l'explique : faner est la plus jolie chose du monde; c'est retourner du foin en batifolant dans une prairie; dès qu'on en sait tant, on sait faner. Tous mes gens y allèrent gaiement ; le seul Picard vint me dire qu'il n'irait pas, qu'il n'était pas entré à mon service pour cela, que ce n'était pas son métier et qu'il aimait mieux s'en aller à Paris. Ma foi, la colère m'a monté à la tête; je songeai que c'était la centième sottise qu'il m'avait faite, qu'il n'avait ni cœur ni affection ; en un mot la mesure était comble. Je l'ai pris au mot, et quoi qu'on m'ait pu dire pour lui, je suis demeurée ferme comme un rocher, et il est parti. C'est une justice de traiter les gens selon leurs bons ou leurs mauvais services. Si vous le revoyez, ne le recevez point, ne le protégez point, ne me blâmez point et songez que c'est le garçon du monde qui aime le moins à faner, et qui est le plus indigne qu'on le traite bien.

« Voilà l'histoire en peu de mots; pour moi, j'aime les relations où l'on ne dit que ce qui est nécessaire, où l'on ne s'écarte point ni à droite ni à gauche; où l'on ne reprend point les choses de si loin; enfin, je crois que c'est ici, sans vanité, le modèle des narrations agréables. »

Cette lettre eut un immense succès dans la société que fréquentait madame de Sévigné. On l'appela la lettre de la prairie. Deux ans après, c'est-à-dire en 1673, madame de Coulanges écrivait à madame de Sévigné :

« Je ne puis oublier ce qui m'est arrivé ce matin; on m'a dit : « Madame, « voilà un laquais de madame de Thianges. » J'ai ordonné qu'on le fît entrer. Voici ce qu'il avait à me dire : « Madame, c'est de la part de madame de « Thianges qui vous prie de lui envoyer la lettre du cheval (1), de madame de « Sévigné et celle de la prairie. » J'ai dit au laquais que je les porterais à sa maîtresse et je m'en suis défaite. Vos lettres font tout le bruit qu'elles méritent comme vous voyez; il est certain qu'elles sont délicieuses et vous êtes comme vos lettres. »

La postérité a partagé l'opinion des contemporains de madame de Sévigné qui est restée et restera une des gloires de la littérature française. Par le tableau des mœurs qu'elle nous a légué et par la perfection de son style elle tient à tout jamais sa place à côté de Molière et de La Fontaine.

(1) Cette lettre n'a pas été publiée.

MADAME DE LA FAYETTE

OILEAU désigna madame de La Fayette comme « la femme de France ayant le plus d'esprit et écrivant le mieux ». C'était une grande amie de madame de Sévigné, qui savait placer ses affections.

Marie-Madeleine Pioche de la Vergne, fille du gouverneur du Havre, naquit dans cette ville en 1634. Elle reçut une éducation soignée, surveillée par sa mère, qui appartenait à une famille provençale et qui comptait parmi ses ancêtres quelques lauréats troubadours.

Ce bon sang ne devait pas mentir à sa race.

Une culture parfaite permit à l'esprit fin et délié de la jeune fille de produire ses fruits. Présentée jeune à l'hôtel de Rambouillet, qui passait alors pour l'école et le modèle de bon ton, elle sut s'approprier tout ce qui était délicat et sensé et laissa tout ce qu'il y avait de gourmé et de pédant dans les conversations qu'elle fut à même d'y entendre. Là se réunissait tout ce que Paris comptait de notabilités artistiques et littéraires et jamais salon ne fut mieux composé ni plus apte à former le goût. Or, mademoiselle Pioche de la Vergne, nous l'avons déjà dit, avait, de naissance, de fort bonnes dispositions; placée dans ce milieu d'écrivains prétentieux, elle sut faire justice de leurs tournures invraisemblables pour ne garder que le souvenir des bons côtés de leur talent. Elle fit mieux. Elle écrivit un roman, *la Princesse de Clèves*, où se révélait une véritable romancière. Cet ouvrage réalisait un progrès immense sur ses devanciers. Au lieu de mettre en scène des catastrophes fantastiques, des héros extraordinaires et de faire parler à ces derniers un langage pompeux, elle sut se contenter de héros vivant d'une vie vraie, parlant comme tout le monde et s'agitant, non dans le vide de la fiction, mais bien dans les circonstances de la réalité. Elle avait coutume de dire « qu'une période retranchée d'un ouvrage valait un louis d'or, et un mot vingt sous ». C'est assez expliquer quelles étaient ses tendances. Pas de superfluités ; le mot juste et la concision lui suffisaient.

C'était un grand pas et un progrès réel de la littérature.

Madame de La Fayette fut, pour son temps, une psychologue distinguée ; elle vit juste, et, dépeignant des scènes prises sur le vif, elle a, en quelque sorte, préparé la voie au romantisme, cette école qui devait fournir tant de chefs-d'œuvre aux lettres françaises.

Madame de La Fayette eut pour ses premiers maîtres le Père Rapin et Ménage. Mais, bientôt, elle en sut plus long qu'eux et, un jour que ses deux professeurs ne pouvaient se mettre d'accord sur le sens d'un passage d'un auteur latin, elle leur dit carrément : « Vous n'y entendez rien ni l'un ni l'autre. » Et aussitôt elle leur donna la véritable traduction que tous deux reconnurent exacte.

Cependant, la jeune femme, malgré son érudition, sut toujours rester modeste et évita avec soin de laisser paraître sa supériorité. Elle avait la finesse de madame de Rambouillet, son savoir discret, son amour du beau, sa distinction native, sa sensibilité exquise, sa bonté naturelle, sa conversation brillante, ses boutades spirituelles, marqués au coin du *vrai* qui manquait à la marquise.

Par goût, madame de La Fayette écrivit de bonne heure, mais son penchant fut encouragé par la princesse d'Angleterre qu'elle avait connue au début de son mariage.

La Princesse de Montpensier fut la première petite nouvelle que donna la plume de notre héroïne. C'était une critique discrète et sage. Elle plaisantait les mots à la mode. Elle fit rire et eut du succès. Puis elle publia *Zaïde* qui n'avait pas grand mérite et enfin *la Princesse de Clèves* dont nous avons déjà parlé.

Madame de La Fayette eut pour le duc de La Rochefoucauld, l'auteur des *Maximes*, une amitié constante et fraternelle qui les honora tous deux.

« Aigri par une ambition que les événements avaient mal servie, dit M. de Merville dans *les Femmes illustres*, par une science du monde et des hommes de la cour que nul ne possédait à un plus haut degré que lui, La Rochefoucauld ne croyait plus qu'à une corruption désolante et générale. Ce sentiment pénible, madame de La Fayette entreprit de le combattre par sa généreuse affection. Elle n'y réussit qu'à demi.

« Le duc, ancien chevalier de la Fronde, était profondément misanthrope. Peut-être, un coup de feu qu'il avait essuyé dans la figure, au combat de la Porte-Saint-Antoine, et qui lui fit perdre la vue pendant quelque temps, avait-il contribué à ce résultat. Toujours est-il que les *Maximes* attestent cette disposition, elles trahissent un homme spirituel, mais d'un esprit chagrin... M. de La Rochefoucauld, gentilhomme de grande race, avait le don d'attirer à lui les beaux esprits, et d'inspirer une admiration passionnée aux femmes les plus séduisantes de son temps, parmi lesquelles nous plaçons mesdames de Sablé, de Sévigné et de La Fayette.

« Celle-ci, restée veuve de bonne heure avec deux fils, dont l'un fut militaire et l'autre abbé, et de plus, affligée d'une santé qui exigeait d'extrêmes ménagements, put se consacrer à ce *vieil ami* qui avait au moins vingt ans de plus qu'elle. Leurs relations furent infiniment agréables : « Leur mauvaise santé, dit madame de Sévigné, les rendait comme nécessaire l'un à l'autre, et leur donnait le loisir de goûter leurs bonnes qualités... »

En 1680, lorsque M. de La Rochefoucauld mourut, madame de La Fayette éprouva une grande douleur. La seule distraction qu'elle trouva fut de reprendre sa plume d'où sortirent plus tard *la Comtesse de Tende* et les ***Mémoires de la cour de France pour les années*** 1688 *et* 1689. Mais le succès de ces ouvrages ne put prolonger l'existence de la comtesse de La Fayette; son état s'aggravait de jour en jour. Elle mourut le 1er juin 1693.

« Ses infirmités depuis deux ans, dit madame de Sévigné, étaient devenues extrêmes. Je la défendais toujours car on disait qu'elle était folle de ne vouloir point sortir. Elle avait une tristesse mortelle. Quelle folie encore! N'est-elle pas la plus heureuse femme du monde? Mais je disais à ces personnes, si précipitées dans leurs jugements : madame de La Fayette n'est pas folle; et je m'en tenais là.

« Hélas! madame, la pauvre femme n'est maintenant que trop justifiée... Elle avait deux polypes dans le cœur et la pointe du cœur flétrie. N'était-ce pas assez pour avoir ces désolations dont elle se plaignait? Elle a eu raison pendant sa vie, et elle a eu raison après sa mort et jamais elle n'a été sans cette *divine raison* qui a été sa principale qualité... »

Et pour donner une idée juste de madame de La Fayette, nous terminons en citant un passage qui la concerne :

« Savez-vous, demandait un jour Boileau, pourquoi les anciens ont si peu d'admirateurs? C'est parce que les trois quarts tout au moins de ceux qui les ont traduits étaient des ignorants ou des sots. Madame de La Fayette, la femme de France qui avait le plus d'esprit et qui écrivait le mieux, comparait un sot traducteur à un laquais que sa maîtresse envoie faire un compliment à quelqu'un. Ce que sa maîtresse lui aura dit en termes polis, il va le rendre grossièrement, il l'estropie. Plus il y avait de délicatesse dans le compliment, moins le laquais s'en tire bien. Et voilà, en un mot, la plus parfaite image d'un mauvais traducteur! »

Cette image était de madame de La Fayette et celui qui la prisait si fort avait nom Boileau!

MADAME DACIER

'est à Saumur, en 1653, que naquit Anne Le Fèvre qui devint plus tard madame Dacier. Quoique son père ne fût pas d'avis de donner un grand développement à la culture intellectuelle des femmes, il lui permit d'assister aux leçons qu'il donnait chaque jour à son fils.

Or, il arriva que la petite fille prit goût à l'étude et, un jour que son frère ne pouvait pas se tirer d'une question assez embarrassante, ce fut elle qui lui souffla la réponse.

Le père s'en aperçut :

— Alors, lui dit-il, tu sais quelque chose, toi?

— Oui, mon père, j'ai retenu tout ce que vous avez enseigné à mon frère.

Surpris, le père interrogea sa fille, et elle sortit victorieuse de l'épreuve. Dès lors, son instruction fut soignée ; elle se mit au grec et au latin. Elle eut pour condisciple le jeune Dacier, qui était élève de son père, et, tout en faisant thèmes et versions, les deux enfants apprirent à se connaître et à s'estimer. Cependant, en 1672, Tanneguy Le Fèvre mourut et Anne se rendit à Paris où elle était déjà connue, grâce à une traduction de *Callimaque.* Elle était déjà, comme vous voyez, mesdemoiselles, bonne helléniste.

Grâce à son renom, le duc de Montausier lui proposa de collaborer au recueil des ouvrages destinés à l'éducation du dauphin. Elle accepta cette offre et se chargea de traduire et de commenter Aurélius Victor, Florus, Eutrope, Dictys de Crète et Darus le Phrygien. Elle alla vite en besogne et

MADAME DACIER.

termina bien avant ses collaborateurs la part de besogne qui lui était échue.

Anne Le Fèvre devint madame Dacier en 1683; les premiers sentiments de l'enfance avaient survécu dans l'âge mûr et les deux époux se remirent à travailler ensemble.

De ce mariage et dans les premières années, naquirent un fils et deux filles. Madame Dacier entoura ses enfants de tout l'amour dont son père avait bercé ses jeunes années ; comme Tanneguy avait fait pour elle et pour son frère, elle fit pour eux ; elle devint leur institutrice et voulut les rendre savants comme elle était savante... Mais, hélas ! l'aîné mourut à onze ans ; la plus âgée de ses deux filles prit le voile et fut perdue pour sa mère, et l'autre mourut toute jeune, à dix-huit ans.

Dacier entra à l'Académie française, mais Boileau a écrit que « dans leurs productions d'esprit, c'était madame Dacier qui était le père ».

Cette satire était juste et elle constituait le plus grand éloge pour la femme de l'académicien.

Enfin, en 1711, madame Dacier publia l'œuvre principale de sa vie, sa traduction de l'*Iliade*. Dans ce livre, l'auteur s'appliqua surtout à rendre les beautés et l'esprit du texte original.

Logée au Louvre, où son mari était garde des livres du cabinet du roi, madame Dacier consacrait tout son temps au travail. Elle ne sortait presque jamais, mais le soir, elle recevait une société d'élite.

« Dans son salon, elle était, dit Saint-Simon, simple, unie, avec beaucoup d'esprit, agréable dans la conversation où l'on ne se serait pas douté qu'elle fût rien de plus que les femmes les plus ordinaires. »

A toutes ces qualités madame Dacier joignait une grande modestie ; un jour qu'un grand seigneur lui demandait d'écrire quelques lignes sur un album, elle traça son nom et ces mots :

Le silence est la parure de la femme.

Toute sa vie, madame Dacier eut pour l'antiquité un goût prononcé ; elle aima les anciens Grecs et les premiers Romains comme d'autres aiment le théâtre ou la danse. L'anecdote suivante nous en fournit la preuve :

Madame Dacier et son mari voulurent un beau matin préparer, d'après la méthode indiquée dans Athénée, un brouet spartiate, ce fameux brouet clair dont on a tant parlé. Pour mieux reconstituer ce chef-d'œuvre culinaire, ils s'habillèrent tous deux en cuisiniers du temps d'Homère et se mirent à l'ouvrage. Malheureusement, soit que le texte fût incomplet ou mal interprété, ou bien que la recette ne fût pas exacte, il arriva que les deux époux furent très malades et que le brouet manqua les empoisonner.

En 1720, une attaque d'apoplexie enleva madame Dacier, dont le nom restera célèbre comme celui d'un des premiers initiateurs aux beautés de l'art littéraire grec.

MADAME GEOFFRIN

ADAME Geoffrin n'a rien écrit que quatre ou cinq lettres qu'on a publiées ; on cite d'elle quantité de mots justes et piquants ; mais ce ne serait pas assez pour la faire revivre ; ce qui la caractérise en propre et lui mérite le souvenir de la postérité, c'est d'avoir eu le salon le plus complet, le mieux organisé qu'il y ait eu en France depuis la fondation des salons, c'est-à-dire depuis l'hôtel de Rambouillet.

Il y a des personnes qui s'imaginent qu'il suffit d'être riche, d'avoir un bon cuisinier, une maison confortable et située dans un bon quartier, une grande envie de voir du monde, et de l'affabilité, pour se former un salon. On ne parvient de la sorte qu'à ramasser du monde pêle-mêle, à remplir son salon, non à le créer. Il y a loin de cela à l'art déployé par madame Geoffrin.

Madame Geoffrin ne nous apparaît que déjà vieille, et sa jeunesse se dérobe à nous dans un lointain que nous n'essaierons pas de pénétrer. Bourgeoise de naissance, née à Paris dans la dernière année du XVIIe siècle, Marie-Thérèse Rodet avait été mariée, le 19 juillet 1713, à Pierre-François Geoffrin, gros bourgeois, un des lieutenants-colonels de la garde nationale d'alors et l'un des fondateurs de la Manufacture de glaces. Une lettre de Montesquieu, du mois de mars 1748, nous montre madame Geoffrin à cette date, réunissant très bonne compagnie chez elle.

D'où sortait donc cette personne si distinguée et si habile, qui ne semblait point destinée à un tel rôle par sa naissance et par sa situation dans le monde. Quelle avait été son éducation première?

Madame Geoffrin, dans une lettre adressée à l'impératrice Catherine de Russie, répond à cette question :

« J'ai perdu, disait-elle, mon père et ma mère au berceau. J'ai été élevée par une vieille grand'mère qui avait beaucoup d'esprit et une tête bien faite. Elle avait très peu d'instruction, mais son esprit était si éclairé, si adroit, si actif qu'il ne l'abandonnait jamais ; il était toujours à la place du savoir. Elle parlait si agréablement des choses qu'elle ne savait pas que personne ne désirait qu'elle les sût mieux ; et, quand son ignorance était trop visible, elle s'en tirait par des plaisanteries qui déconcertaient les pédants qui avaient voulu l'humilier... Elle disait : « Je me suis si bien passée du savoir que je n'en ai « jamais senti le besoin. Si ma petite-fille est une bête, le savoir la rendrait « confiante et insupportable; si elle a de l'esprit et de la sensibilité, elle fera « comme moi, elle suppléera par adresse et avec du sentiment à ce qu'elle ne « saura pas; et quand elle sera plus raisonnable, elle apprendra ce à quoi elle « aura le plus d'aptitude, et elle l'apprendra bien vite. » Elle ne m'a donc fait apprendre dans mon enfance simplement qu'à lire ; elle m'apprenait à penser en me faisant raisonner ; elle m'apprenait à connaître les hommes en me faisant dire ce que j'en pensais, et en me disant aussi le jugement qu'elle en portait. Elle m'obligeait à lui rendre compte de tous mes mouvements et de tous mes sentiments, et elle les rectifiait avec tant de douceur et de grâce, que je ne lui ai jamais rien caché de ce que je pensais et sentais : mon intérieur lui était aussi visible que mon extérieur. Mon éducation était continuelle... »

Madame Geoffrin quitta Paris pour la première et la dernière fois, à l'âge de soixante-sept ans, lors d'un voyage qu'elle fit à Varsovie. Elle était d'avis « qu'il n'y a pas de meilleur air que celui de Paris », et, en quelque lieu qu'elle pût être, elle aurait regretté son ruisseau de la rue Saint-Honoré, comme

MADAME GEOFFRIN.

madame de Staël regrettait celui de la rue du Bac. Madame Geoffrin ajoute un nom de plus à cette liste de génies parisiens qui ont été doués à un si haut degré de la vertu affable et sociale.

Son mari paraît avoir peu compté dans sa vie, sinon pour lui assurer la fortune qui fut le point de départ et le premier instrument de la considération qu'elle sut acquérir. M. Geoffrin assistait en silence aux dîners qui se donnaient chez lui aux gens de lettres et aux savants. On essayait, raconte-t-on, de lui faire lire quelques ouvrages d'histoire ou de voyages, et, comme on lui donnait toujours le tome premier sans qu'il s'en aperçût, il se contentait de trouver « que l'ouvrage était intéressant, mais que l'auteur se répétait un peu ». On ajoute que, lisant un volume de l'*Encyclopédie* qui était écrit sur deux colonnes, il continuait dans sa lecture la ligne de la première colonne avec la ligne correspondante de la seconde, ce qui lui faisait dire « que l'ouvrage lui paraissait bien, mais un peu abstrait. »

Un autre jour, un étranger demanda à madame Geoffrin ce qu'était devenu ce vieux monsieur qui assistait autrefois régulièrement aux dîners et qu'on ne voyait plus. « C'était mon mari, répondit-elle, il est mort ».

Madame Geoffrin eut une fille qui devint plus tard la marquise de la Ferté-Imbault, mais qui n'eut jamais l'intelligence de sa mère.

« Quand je la considère, disait madame Geoffrin en parlant de la marquise sa fille, je suis comme une poule qui a couvé un œuf de cane. »

Diderot nous dépeint en quelques lignes madame Geoffrin à l'âge de soixante et un ans :

« Madame Geoffrin fut fort bien. Je remarque toujours le goût noble et simple dont cette femme s'habille : c'était, ce jour-là, une étoffe simple, d'une couleur austère, des manches larges, le linge le plus uni et le plus fin, et puis la netteté la plus recherchée de tous côtés ».

Cette mise de vieille, si exquise en modestie et en simplicité, était chère à madame Geoffrin.

Et maintenant que nous avons fait connaître la femme, voyons un peu ce qu'était son salon.

Elle eut chaque semaine deux dîners de fondation, le lundi pour les artistes : on y voyait les Van Loo, Vernet, Boucher, La Tour, Vien, Lagrenée, Soufflot, Lemoine, Marmontel, etc... Le mercredi, c'était le dîner des gens de lettres : on y voyait d'Alembert, Mairan, Marivaux, Saint-Lambert, Helvétius, Raynal, Grimm, Thomas, d'Holbach, Burigny et mademoiselle de Lespinasse.

Pas un étranger de distinction ne vivait ou ne passait à Paris sans aspirer à être admis chez madame Geoffrin. Les princes y venaient en simples particuliers, les ambassadeurs n'en bougeaient plus dès qu'ils y avaient pris pied.

L'esprit que madame Geoffrin apportait dans le ménagement et l'économie de ce petit empire était un esprit de naturel, de justesse et de finesse, qui descendait aux moindres détails, un esprit adroit, actif et doux. Chez elle, point de politique ni de questions de religion ; elle veut qu'on se taise à temps elle fait la police de son salon. D'un seul mot : « Voilà qui est bien, » elle arrête à point les conversations qui s'égarent sur des sujets hasardeux et les esprits qui s'échauffent ; ils la craignent et vont *faire leur sabbat* ailleurs.

Rarement, elle prend le dé de la conversation et ne le tient jamais longtemps. C'est alors qu'elle place des maximes sages, des contes piquants, ordinairement égayés par quelque image bien familière.

La bienfaisance de madame Geoffrin était grande autant qu'ingénieuse c'était chez elle un vrai don de nature. *Donner et pardonner*, c'était sa devise. Elle ne pouvait s'empêcher de faire des cadeaux à tous, au plus pauvre homme de lettres comme à l'impératrice d'Allemagne, et elle les faisait avec cet art et ce fini de délicatesse qui ne permet pas de refuser sans une sorte de grossièreté. Sa bienfaisance avait, comme toutes ses autres qualités, quelque chose de singulier et d'original qui ne se voyait qu'en elle. On a cité d'elle mille traits charmants. Nous n'en rappellerons qu'un.

On lui faisait remarquer un jour que tout était parfait chez elle, excepté la crème qui n'était point bonne.

— Que voulez-vous? dit-elle, je ne puis changer ma laitière!

— Eh! qu'a donc fait cette laitière pour qu'on ne la puisse changer?

— C'est que je lui ai donné deux vaches.

— La belle raison! s'écria-t-on de toutes parts.

Et en effet, un jour que cette laitière pleurait de désespoir d'avoir perdu sa vache, madame Geoffrin lui en avait donné deux, une de plus pour la consoler d'avoir tant pleuré, et depuis ce jour aussi, elle ne comprenait pas qu'elle pût jamais changer de laitière.

A côté de la bienfaisance, les qualités dominantes de madame Geoffrin étaient la justesse et le bon sens. Son esprit était de ceux dont Pascal a parlé, qui sont accoutumés à juger au premier abord et tout d'une vue et qui ne reviennent guère à ce qu'ils ont une fois manqué.

Le grand événement de la vie de madame Geoffrin fut le voyage qu'elle fit en Pologne en 1766 pour aller voir le roi Stanislas Poniatowski, qu'elle avait connu jeune homme à Paris et auquel elle avait, comme à tant d'autres, rendu service. A peine monté sur le trône de Pologne, il lui écrivit : *Maman, votre fils est roi*, et il la pria avec instance de venir le visiter. Elle n'y résista point, malgré son âge déjà avancé.

C'est alors qu'elle écrivit de Varsovie la lettre suivante adressée à d'Alembert :

« Ce voyage fait, je sens que j'aurai vu assez d'hommes et de choses pour être convaincue qu'ils sont partout à peu près les mêmes. J'ai mon magasin de réflexions et de comparaisons bien garni pour le reste de ma vie.

« C'est une terrible condition que d'être roi de Pologne. Je n'ose lui dire à quel point je le trouve malheureux : hélas! il ne le sent que trop souvent.

Tout ce que j'ai vu depuis que j'ai quitté mes pénates me fera remercier le sort d'être née « Française et particulière ».

En 1776, madame Geoffrin fut prise de paralysie et sa fille profita de cette circonstance pour fermer le salon de sa mère et en interdire l'accès à ceux qui en avaient été si longtemps les hôtes fidèles.

Elle mourut le 6 octobre 1777.

MADAME DE STAEL

NNE-Louise-Germaine Necker, baronne de Staël, naquit à Paris le 22 avril 1766. Elle était fille du ministre populaire dont l'avènement aux finances fut comme l'aurore de la Révolution. Elle avait pour mère Suzanne Curchod. Toute jeune, elle subit l'influence des hommes éminents, écrivains et philosophes tels que Raynal, Grimm, Gibbon, Marmontel, qui fréquentaient le salon de son père. Non contente de profiter de leurs conversations, mademoiselle Necker lisait leurs livres; aucun des ouvrages les plus sérieux de la bibliothèque de son père ne lui étaient inconnus. Pour se distraire, elle découpait des personnages en papier et leur faisait jouer la tragédie. A onze ans, elle commença à composer des portraits et des éloges.

Montesquieu était un de ses écrivains de prédilection et à quinze ans elle se prit à commenter *l'Esprit des lois.*

Elle avait conçu pour son père une admiration sans bornes, et, après lui, les lettres furent la passion dominante de sa vie.

« On aime, dit Sainte-Beuve à rencontrer de si ardentes et de si pures affections chez de si brillants esprits. »

En 1786, mademoiselle Necker épousa le baron de Staël-Holstein, ambassadeur de Suède à Paris. Cette union, quoique brillante, ne fut pas heureuse et, en 1796, madame de Staël dut se séparer de son mari.

L'année même de son mariage elle avait fait paraître un drame en vers intitulé *Sophie ou les Sentiments secrets*, puis une tragédie : *Jane Gray*.

Ensuite vinrent trois romans : *Mirza*, *Adélaïde* et *Théophile et Pauline*. Ces œuvres, éclipsées par des productions ultérieures, sont aujourd'hui tombées dans l'oubli. C'est vers cette époque que de Guilbert traça d'elle le portrait suivant, en remplaçant son véritable nom par celui de Zulmé :

« Zulmé n'a que vingt ans, et elle est la prêtresse la plus célèbre d'Apollon ; elle est celle dont l'encens lui est le plus agréable, dont les hymnes lui sont les plus chers. Ses grands yeux noirs étincellent de génie, ses cheveux de couleur d'ébène retombent sur ses épaules ondoyantes ; ses traits sont plutôt prononcés que délicats, on y sent quelque chose au-dessus de la destinée de son sexe. »

Le premier succès littéraire important que remporta madame de Staël remonte à 1787 ; en effet c'est avec les *Lettres sur Jean-Jacques* que commença véritablement sa carrière.

Mais la Révolution vint interrompre ses succès littéraires.

Elle se passionna pour les événements politiques qui devaient bouleverser notre pays et partageait entièrement les idées de son père qu'elle résuma plus tard dans un livre intitulé *Considérations sur la Révolution française*.

Lorsque vinrent les massacres de Septembre, elle quitta Paris et s'installa à Coppet, sur les bords du lac Léman, en compagnie de son père et de quelques amis. Là, elle se reposa, loin des luttes de partis et ne prit la plume que pour écrire, en faveur de Marie-Antoinette, une supplique publiée sous le titre de : *Réflexions sur le procès de la reine*, par une femme (août 1793).

Après le 9 Thermidor, elle publia : *Réflexions sur la paix extérieure et intérieure*. C'était un appel à la conciliation et une attaque contre le fanatisme. Ce livre dénote une grande sagacité politique. Tout en reconnaissant la nécessité du fanatisme au moment des grandes luttes et des effervescences révolutionnaires, elle convie tous les esprits à s'entourer de calme et à se réunir sincèrement sur le terrain conquis.

MADAME DE STAEL.

Elle réunit ensuite, sous le titre de *Morceaux détachés*, différentes œuvres de jeunesse, un *Essai sur les fictions*, et enfin une *Épître au malheur* ou *Adèle et Édouard*. Dans ce dernier poème elle exprime les sentiments qui l'agitaient alors, quand, en contemplant les bords admirables du lac de Genève, elle comparait le calme de cette nature si belle, aux troubles sanglants qui, là-bas, déchiraient son pays;

Souvent, les yeux fixés sur ce beau paysage
Dont le lac avec pompe agrandit les tableaux,
Je contemplais ces monts qui, formant son rivage,
Peignent leur cime auguste au milieu de ses eaux.

Quoi! disais-je, ce calme où se plaît la nature
Ne peut-il pénétrer dans mon cœur agité?
Et l'homme seul en proie aux peines qu'il endure,
De l'ordre général serait-il excepté?

En 1795, madame de Staël rentra à Paris. Elle devint l'âme d'un mouvement sérieux d'opinion et même d'action politique et dirigea avec une ardeur enthousiaste un parti constitutionnel.

C'est vers cette époque qu'elle connut Bonaparte, pour lequel elle partagea d'abord l'admiration générale.

Mais dès l'époque où l'expédition d'Égypte fut résolue, elle pressentit les projets ambitieux du futur empereur; elle combattit la politique du 18 Brumaire et, à partir de ce moment, son salon réunit tous les adversaires du gouvernement et fut le centre d'une opposition qui devint de plus en plus acharnée à mesure que s'éleva Bonaparte.

Tant d'indépendance d'esprit chez une femme et tant d'influence politique ne furent pas sans porter ombrage au chef du pouvoir. Il lui fut rapporté que madame de Staël s'exprimait plus que librement sur son compte; on l'accusa auprès de lui d'intrigues contre le gouvernement, aussi en 1803 prononça-t-il contre elle un décret d'exil.

Depuis sa rentrée à Paris, en 1795, madame de Staël avait publié plusieurs œuvres.

D'abord en 1796 : *De l'influence des passions sur le bonheur des individus et des nations*, ouvrage dans lequel cette femme à qui le mariage n'avait apporté que déboires et amertumes, parle d'un bonheur qu'elle ne devait jamais connaître. Sainte-Beuve apprécie le livre *De l'influence des passions* en ces termes : « Nulle part, aussi visiblement que dans ces admirables pages, madame de Staël ne s'est montrée ce qu'elle restera toute sa vie : un génie cordial et bon ».

En 1800 parut l'ouvrage intitulé : *De la littérature, considérée dans ses rapports avec l'état moral et politique des nations.*

Puis vint, en 1802, un roman : *Delphine*, qui, malgré les vives critiques de certains journaux, n'en obtint pas moins un immense succès.

Quand, en 1803, le décret d'exil prononcé par Napoléon vint frapper madame de Staël, elle résolut de se rendre en Allemagne. Depuis longtemps, elle désirait visiter ce pays, où elle était sûre de trouver un excellent accueil.

Elle partit donc pour le grand-duché de Saxe-Weimar, emmenant avec elle ses trois enfants.

La période comprise entre 1750 et 1830 fut pour l'Allemagne l'âge d'or des lettres, des sciences et des arts. Les noms célèbres de Kant, Lessing, Klopstock, Wieland, Herder, Gœthe, Schiller, les Humboldt, les Schlegel, Werner, etc., illustrèrent la fin du XVIIIe siècle et le commencement du XIXe.

Le duché de Saxe-Weimar fut, pendant cette période, le rendez-vous des plus fameuses célébrités. La cour de Weimar — sous la souveraineté de la princesse Amélie de Brunswick, puis sous celle de son fils et de sa belle-fille le grand-duc Charles-Auguste et la grande-duchesse Louise — mérita d'être appelée l'Athènes de l'Allemagne.

Gœthe, qui y occupait un emploi important et dont le génie y exerçait une puissance absolue, s'y était lié d'amitié avec Schiller. A côté d'eux Wieland, qui avait été le précepteur du grand-duc Charles-Auguste, et Herder.

Ce dernier venait de mourir quand madame de Staël arriva à Weimar ; elle reçut des souverains l'accueil le plus sympathique, se lia avec la grande

STATUE DE GŒTHE ET SCHILLER.

duchesse Louise et entretint dans la suite, avec elle, une correspondance suivie.

Le séjour de Weimar la ravit. « Ce n'était point une petite ville, dit-elle, mais un grand château ; un cercle choisi s'entretenait avec intérêt de chaque production nouvelle des arts. Des femmes, disciples aimables de quelques hommes supérieurs, s'occupaient sans cesse des ouvrages littéraires comme des événements publics les plus importants.

Madame de Staël conçut pour Gœthe une admiration profonde : « C'est, dit-elle, un homme d'un esprit universel. » Elle reconnaît « qu'il possède à lui seul les traits principaux du génie allemand ».

Mais à côté de cela, elle dit aussi : « On dirait qu'il n'est pas atteint par la vie et qu'il la décrit seulement en peintre : il attache plus de prix, maintenant, aux tableaux qu'il nous présente qu'aux émotions qu'il éprouve ; le temps l'a rendu spectateur. »

Si madame de Staël reproche à Gœthe cette indifférence qu'il apporte dans ses écrits, elle loue chez Schiller la tendance contraire : « Jamais, dit-elle, aucune considération tirée, ni du succès, ni de la mode, ni des préjugés, ni de tout ce qui vient des autres enfin, n'aurait pu lui faire altérer ses écrits, car ses écrits étaient lui ; ils exprimaient son âme et il ne concevait pas la possibilité de changer une expression, si le sentiment intérieur qui l'inspirait n'était pas changé. »

Madame de Staël admire Schiller non seulement pour son génie, mais aussi pour ses vertus.

Dès l'abord elle l'a jugé. « Je le trouvai, dit-elle, si modeste et si insouciant dans ce qui ne concernait que ses propres succès, si fier et si animé dans la défense de ce qu'il croyait la vérité, que je lui vouai dès cet instant une amitié pleine d'admiration (1). »

Après avoir passé trois mois à Weimar, madame de Staël se rendit à Berlin, où l'avait précédée sa réputation. La reine Louise l'y reçut avec les marques de la plus grande estime, mais, malgré cela et malgré la société d'hommes distingués qui s'y trouvaient (de Muller, Ancillon, Fichte, Humboldt, Hufeland), le séjour de Berlin ne plut point à madame de Staël. Elle partit pour

(1) Madame de Staël : *De l'Allemagne.*

Vienne, et à peine y était-elle arrivée qu'elle reçut la nouvelle de la mort de son père (avril 1804). Ce fut pour elle un véritable coup de foudre. Elle quitta Vienne immédiatement pour aller rendre les derniers devoirs à ce père tant aimé. Son chagrin fut tel que sa santé s'en ressentit.

Aussi quelques mois plus tard, après avoir publié les manuscrits laissés

WIELAND.

par M. Necker, elle partit pour l'Italie, accompagnée du célèbre savant Auguste de Schlegel dont elle avait fait la connaissance en Allemagne, et à qui elle avait confié l'éducation de ses enfants.

Ce voyage nous a valu la production d'un chef-d'œuvre, *Corinne ou l'Italie*, que madame de Staël écrivit lors de son retour d'Italie, à Coppet où elle s'était installée en 1805.

L'ouvrage parut en 1807 et obtint un immense succès.

« Il y a, dit Sainte-Beuve, un moment décisif pour les génies, où ils s'établissent tellement que désormais les éloges qu'on en peut faire n'intéressent plus que la vanité et l'honneur de ceux qui les font. On leur est redevable d'avoir à les louer ; leur nom devient une illustration dans le discours ; c'est comme un vase d'or qu'on emprunte et dont notre logis se pare. Ainsi pour madame de Staël à dater de *Corinne*, l'Europe entière la couronna sous ce nom. »

Il est impossible de parler de *Corinne*, sans céder au plaisir de citer au moins quelques fragments du chapitre où est décrit le triomphe de l'héroïne du livre montant au Capitole :

« Une musique très belle et très éclatante précéda l'arrivée de la marche triomphale. Un événement, quel qu'il soit, annoncé par la musique, cause toujours de l'émotion. Un grand nombre de seigneurs romains et quelques étrangers précédaient le char qui conduisait Corinne.

« Enfin, les quatre chevaux blancs qui traînaient le char se firent place au milieu de la foule. Corinne était assise sur le char construit à l'antique et des jeunes filles, vêtues de blanc, marchaient à côté d'elle. Partout où elle passait l'on jetait en abondance des parfums dans les airs ; chacun se mettait aux fenêtres pour la voir, et ces fenêtres étaient parées en dehors de pots de fleurs et de tapis d'écarlate. Tout le monde criait : « Vive Corinne ! Vive le génie ! vive la beauté ! » L'émotion était générale.

« Corinne était vêtue comme la *Sibylle* du Dominiquin, un châle des Indes tourné autour de sa tête, et ses cheveux du plus beau noir, entremêlés avec ce châle ; sa robe était blanche ; une draperie bleue se rattachait au-dessous de son sein, et son costume était très pittoresque, sans s'écarter cependant assez des usages reçus pour que l'on pût y trouver de l'affectation. Son attitude sur le char était noble et modeste ; on s'apercevait bien qu'elle était contente d'être admirée, mais un sentiment de timidité se mêlait à sa joie et semblait demander grâce pour son triomphe.

« Ses bras étaient d'une éclatante beauté ; sa taille, grande, mais un peu forte, à la manière des statues grecques, caractérisait énergiquement la jeunesse et le bonheur ; son regard avait quelque chose d'inspiré. L'on voyait dans sa manière de saluer et de remercier pour les applaudissements qu'elle recevait une sorte de naturel qui relevait l'éclat de la situation extraordinaire dans laquelle elle se trouvait ; elle donnait à la fois l'idée d'une prêtresse d'Apollon, qui s'avançait vers le temple du Soleil, et d'une femme parfaitement simple dans les rapports habituels de la vie ; enfin tous ses mouvements avaient un charme qui excitait l'intérêt et la curiosité, l'étonnement et l'affection.

« L'admiration du peuple pour elle allait toujours croissant, plus elle approchait du Capitole, de ce lieu si fécond en souvenirs. C'est au pied de l'escalier que le char s'arrêta, et dans ce moment tous les amis de Corinne se précipitèrent pour lui offrir la main. Elle choisit celle du prince de Castel-Forte, le grand seigneur romain le plus estimé par son esprit et son caractère. Chacun approuva le choix de Corinne. Elle monta cet escalier du Capitole, dont l'imposante majesté semblait accueillir avec bienveillance les pas légers d'une femme. La musique se fit entendre avec un nouvel éclat au moment de l'arrivée de Corinne ; le canon retentit, et la sibylle triomphante entra dans le palais préparé pour la recevoir.

« Au fond de la salle où elle fut reçue, étaient placés le sénateur qui devait la couronner et les conservateurs du Sénat ; d'un côté, tous les cardinaux et les femmes les plus distinguées du pays ; de l'autre, les hommes de lettres de l'Académie de Rome. A l'extrémité opposée, la salle était occupée par une partie de la foule immense qui avait suivi Corinne. La chaise destinée pour elle était sur un gradin inférieur à celui du sénateur.

« Dès qu'elle fut assise, les poètes romains commencèrent à lire les sonnets et les odes qu'ils avaient composés pour elle. Tous l'exaltaient jusqu'aux cieux ; mais ils lui donnaient des louanges qui ne la caractérisaient pas plus qu'une autre femme d'un génie supérieur. C'était une agréable réunion d'images et d'allusions à la mythologie, qu'on aurait pu, depuis Sapho, jusqu'à nos jours, adresser de siècle en siècle à toutes les femmes que leurs talents littéraires ont illustrées. »

L'année même de la publication de *Corinne* (1807), madame de Staël réunit autour d'elle à Coppet une véritable cour dont elle fut la souveraine.

A côté d'elle y brillait aussi madame Récamier à laquelle l'unissait une vive amitié... Au nombre des hôtes de Coppet, on compta Benjamin Constant, Sismondi, Prosper de Barante, Mathieu de Montmorency, madame Necker de Saussure, cousine de madame de Staël, etc. Guizot, alors très jeune, passant à Genève, sollicita l'honneur d'être reçu à Coppet; enfin le prince Auguste de Prusse vint se joindre à cette société brillante qui, réunie autour de madame de Staël, lui faisait oublier un moment la douleur d'un exil dont elle ne devait jamais se consoler.

Comme elle aimait fort le théâtre, elle organisa à Coppet des représentations dramatiques.

On y joua *Phèdre*. La châtelaine en remplit le principal rôle. Madame Récamier remplit celui d'Aricie; Benjamin Constant joua Thésée, et le comte Elzéar de Sabran, Hippolyte.

Ce fut un passe-temps des plus agréables pour les hôtes de Coppet et, après leur départ, au sortir de cette « saison littéraire », madame de Staël repartit pour l'Allemagne, laissant à Genève son fils aîné Auguste, alors âgé de dix-sept ans, et emmenant avec elle sa fille et son plus jeune fils Albert, qu'elle fit entrer à l'École militaire de Vienne.

Elle fut admirablement reçue à la cour impériale, et assista au mariage de l'empereur François II avec l'archiduchesse Marie-Louise, fille de l'archiduc de Milan. Mais elle ne goûta pas plus le séjour de Vienne qu'elle n'avait goûté celui de Berlin. Elle s'étonnait de ne pas rencontrer à la cour plus d'hommes remarquables; elle s'étonnait de ce que «les nobles et les hommes de lettres ne s'y mêlaient point ensemble ».

« La société, dit-elle encore, ne sert point en Autriche comme en France à développer l'esprit ni à l'animer ; elle ne laisse dans la tête que du bruit et du vide; aussi les hommes les plus spirituels du pays ont-ils soin pour la plupart de s'en éloigner; les femmes seules y paraissent, et l'on est étonné de l'esprit qu'elles ont, malgré le genre de vie qu'elles mènent (1). »

En quittant Vienne, madame de Staël se rendit à Weimar et revint à

COPPET.

Coppet vers le milieu de l'année 1807. Elle rapportait de ce second voyage en Allemagne les matériaux nécessaires à un livre dont elle entreprit aussitôt la rédaction.

Quand cet ouvrage, intitulé *De l'Allemagne*, fut achevé, elle tenta de le faire éditer à Paris, mais les censeurs impériaux s'y opposèrent et elle en éprouva un violent chagrin.

« Votre ouvrage n'est point français, lui écrivit le duc de Rovigo. Il m'a

(1) Madame de Staël : *De l'Allemagne*.

paru que l'air de ce pays-ci ne vous convenait point, et nous n'en sommes pas encore réduits à chercher des modèles dans les peuples que vous admirez. »

Sans doute, dans son livre *De l'Allemagne*, madame de Staël n'entendait pas imposer à l'admiration de ses compatriotes, la philosophie et la littérature de nos voisins d'outre-Rhin, mais son but était de leur faire comprendre cette philosophie, cette littérature, dont elle avait vu de près l'épanouissement, dont elle avait connu les maîtres. C'est l'Allemagne de Gœthe, de Schiller, de Wieland qu'elle prétend faire connaître à la France ; elle veut l'initier au génie d'un peuple qui jusqu'alors lui était pour ainsi dire étranger.

Sainte-Beuve dit, en parlant du livre *De l'Allemagne* :

« A part même l'honneur d'une initiative dont personne autre n'était capable alors et que Villers seul, s'il avait eu autant d'esprit en écrivant qu'en conversant, aurait pu partager avec madame de Staël, je ne crois pas qu'il y ait encore à chercher ailleurs la vive image de cette éclosion soudaine du génie allemand, le tableau de cet âge brillant et poétique qu'on peut appeler le siècle de Gœthe. »

L'interdiction d'une œuvre sur laquelle madame de Staël avait fondé de grandes espérances mit le comble à la souffrance que lui faisaient endurer les vexations continuelles de Napoléon. Il ne pouvait décidément pas lui pardonner sa royauté littéraire et l'indépendance de ses jugements. Déjà en 1806, ayant appris qu'elle était venue subrepticement à Paris, il l'avait fait menacer des gendarmes si elle ne partait promptement.

« Cette femme continue son métier d'intrigante, avait-il écrit à Cambacérès. Je ne veux rien souffrir de cette clique ; je ne veux point qu'ils fassent des prosélytes et qu'ils m'exposent à frapper de bons citoyens. »

Pour tâcher de la faire rentrer en grâce auprès de Napoléon, le préfet de Genève avait conseillé à madame de Staël d'écrire quelque chose sur le roi de Rome ; mais elle s'y était refusée, se contentant de dire que tout ce qu'elle lui souhaitait c'était une bonne nourrice.

En 1810, un décret d'exil frappa Schlegel, précepteur des enfants de madame de Staël ; en 1811 ce fut le tour de Mathieu de Montmorency et de madame Récamier.

La disgrâce impériale atteignait aussi les amis de madame de Staël et cela lui causa encore un plus grand chagrin que son propre exil. Elle quitta alors la Suisse et se rendit à Saint-Pétersbourg, où elle n'eut qu'à se louer de l'accueil des souverains.

De Saint-Pétersbourg elle passa en Finlande, puis elle partit pour Stockholm où elle demeura jusqu'en mai 1813, époque à laquelle elle quitta la Suède pour l'Angleterre.

Ce pays, dont les institutions politiques avaient en elle un chaud partisan, lui plut ; elle s'y attacha et ne sut assez louer la société anglaise, dans laquelle elle se fit de nombreux amis.

Deux événements, l'un heureux, l'autre funeste pour madame de Staël, marquent son séjour en Angleterre. Le premier est la publication de son ouvrage, *De l'Allemagne*, qu'elle fit imprimer à Londres en 1813 ; l'autre fut la mort de son fils cadet Albert, tué dans un duel, en Allemagne.

Lors de la première Restauration, madame de Staël revint à Paris où elle resta trois mois et où elle revit ses amis, madame Récamier et M. Mathieu de Montmorency.

Ce fut pour elle une profonde douleur que de voir son pays envahi par l'ennemi.

Après un séjour à Coppet elle vint de nouveau à Paris. Elle y fit paraître ses *Considérations sur la Révolution française*, et y était encore quand parvint la nouvelle du débarquement de Napoléon.

« Non jamais, dit-elle dans les *Considérations sur la Révolution française*, je n'oublierai le moment où j'appris par un de mes amis, le matin du 6 mars 1815, que Bonaparte était débarqué sur les côtes de France. J'eus le malheur de prévoir à l'instant les suites de cet événement telles qu'elles ont eu lieu depuis, et je crus que la terre allait s'entr'ouvrir sous mes pas. »

Madame de Staël se hâta de quitter Paris et se retira à Coppet, où elle demeura pendant les Cent-Jours.

Elle avait, en 1810, contracté un second mariage avec M. de Rocca, jeune officier italien au service de la France. Lors de la Restauration, au moment où elle se préparait à quitter Coppet, M. de Rocca tomba malade. Elle l'accompagna en Italie, mais elle-même était atteinte d'un mal incurable et elle fut obligée de revenir à Paris.

A partir de ce moment, ses forces déclinèrent de jour en jour. Elle supporta ses maux avec une patience inaltérable, recevant ses amis avec la plus parfaite égalité d'humeur et surmontant d'intolérables douleurs pour causer avec eux.

Elle mourut le 14 juillet 1817. Sa dernière pensée fut pour son père.

Le fils aîné de madame de Staël devint un écrivain aux idées libérales, qui a laissé quelques ouvrages intéressants.

Sa fille avait épousé M. le duc de Broglie, pair de France.

Outre les œuvres que nous avons citées, madame de Staël avait écrit un *Essai sur le suicide* (Stockholm, 1812), et un ouvrage intitulé *Dix années d'exil*, qui fut publié à Paris en 1821.

MADAME RÉCAMIER

Le salon de madame Récamier fut au XIXe siècle ce qu'avait été au XVIIe celui de madame de Rambouillet, dit M. de Merville dans *les Femmes illustres*. Aux époques de transition, il faut toujours revenir à la femme. Après les commotions violentes de la Révolution, alors que le passé et l'avenir se regardaient avec défiance et que les partis s'abritaient derrière leurs amours-propres blessés, auxquels il était difficile de faire entendre raison, un terrain neutre s'ouvrit sur lequel tous purent se réunir, où, sous une influence bienfaisante, les blessures se cicatrisèrent et où la fusion put s'opérer. »

Sa beauté, son caractère charmant, ses brillantes qualités firent de madame Récamier la reine de ces réunions, et l'on a pu dire que « le salon de madame Récamier était une sorte d'hospice ouvert aux blesssures de l'amour-propre, où plus d'une rivalité, irréconciliable en apparence, dut à sa délicate entremise un prompt et durable apaisement ».

Jeanne-Françoise-Juliette-Adélaïde Bernard naquit à Lyon le 3 décembre 1777; son père était un brave tabellion, sa mère était une femme très intelligente et distinguée. Tous deux voulurent donner à leur fille une instruction supérieure et bientôt M. Bernard, appelé à de hautes fonctions dans les finances, vint à Paris accompagné de sa famille. Là, la petite fille fit la connaissance de personnages éminents par leur savoir autant que par leur situation, et elle ne tarda pas à devenir leur enfant gâtée. Cependant elle ne se laissa pas démoraliser par les adulations dont elle était l'objet. A peine âgée de quinze ans, elle dansait à merveille, touchait du piano et pinçait de la harpe. C'était une fort jolie fille dont un de ses contemporains traça le portrait suivant :

« Une taille souple et élégante, des épaules, un cou de la plus admirable forme et proportion, une bouche petite et vermeille, des dents de perle, des bras charmants quoiqu'un peu minces, des cheveux châtains naturellement bouclés, le nez délicat et régulier mais bien français, un éclat de teint incomparable qui éclipsait tout, une physionomie pleine de candeur et parfois de malice et que l'expression de la bonté rendait irrésistiblement attrayante. Quelque chose d'indolent et de fier, la tête la mieux attachée; c'était bien d'elle qu'on eût le droit de dire ce que Saint-Simon disait de la duchesse de Bourgogne : que sa démarche était celle d'une déesse sur les nues. »

En 1793, Jeanne épousa M. Récamier, riche banquier, qui avait alors quarante-deux ans. Les premières années de son mariage furent pour la jeune femme une suite non interrompue de triomphes. Ce fut cinq ans plus tard, en 1798, que madame Récamier fit la connaissance de madame de Staël, avec laquelle, dès leur première rencontre, elle se lia d'une indissoluble amitié. A cette époque madame Récamier était dans toute sa beauté. Invitée à dîner chez Lucien Bonaparte, elle fut placée à la droite de Cambacérès, ce qui fit dire au premier consul que le citoyen Cambacérès avait toutes les chances puisqu'il avait auprès de lui la plus belle.

Madame Récamier était aussi spirituelle que belle, aussi toutes les notabilités se rencontraient dans son salon. Christian de Lamoignon, le comte de Narbonne, Camille Jordan, Louis Bonaparte, Eugène de Beauharnais, Bernadotte, Moreau, La Harpe, Masséna, Fouché, Legouvé, Fox, le prince Jérôme, Adrien de Montmorency et le vicomte Mathieu étaient parmi les assidus.

Cependant, malgré le courant de faveur qui l'emportait, madame Récamier

MADAME RÉCAMIER.

eut la douleur de voir arrêter son père, alors directeur des postes, qui était accusé d'avoir favorisé une correspondance royaliste. Elle-même sentit bientôt l'orage planer sur sa tête et elle ne tarda pas à s'attirer les foudres de Napoléon qui dit un jour aux ministres : « Depuis quand le Conseil se tient-il chez cette dame ? » C'était la disgrâce et, dès lors, les personnages officiels s'abstinrent de venir chez elle. Elle fit alors un voyage en Angleterre et, lorsqu'elle revint, l'empereur, voulant s'attirer ses sympathies, lui fit offrir un poste de demoiselle d'honneur auprès de l'impératrice. Madame Récamier refusa. Elle ne tarda pas à éprouver le ressentiment du maître que son refus avait blessé.

Vers 1806, M. Récamier se trouva momentanément gêné pour faire face à une grosse échéance. Il s'adressa à la Banque de France et demanda une avance d'un million. Ce prêt allait être consenti, lorsque Napoléon opposa sa volonté, et M. Récamier dut vendre son hôtel pour désintéresser ses créanciers ; sa femme vendit ses diamants et son argenterie, et tous deux se retirèrent dans un petit appartement de la rue Basse-du-Rempart. Dans son malheur, madame Récamier se sentit entourée de nombreuses sympathies, et Napoléon put dire d'elle : « On ne rendrait pas tant d'hommages à la veuve d'un maréchal de France tué sur le champ de bataille ! »

Ruinée, madame Récamier accepta l'hospitalité que son amie, madame de Staël, lui offrait à Coppet. Elle y fit plusieurs séjours ainsi que des visites ; ces démarches mirent le comble à la colère de l'empereur qui lui fit interdire les approches de la capitale dans un rayon de moins de quarante lieues. L'exilée se rendit tout d'abord à Châlons-sur-Marne, puis à Lyon dans la famille de son mari, où elle resta jusqu'en 1812. L'Italie, à cette époque, attira madame Récamier qui visita Rome et Naples. Dans cette dernière ville, elle eut l'occasion de voir Murat qui venait de conclure avec l'Autriche un traité secret, dont il lui fit part. Loin d'approuver sa conduite, madame Récamier lui fit de graves reproches et elle termina son discours par ces paroles empreintes de patriotisme :

— Vous êtes Français, vous devez rester Français !

— Je suis donc un traître !... s'écria Murat avec désespoir, en ouvrant violemment la fenêtre et en montrant la flotte anglaise qui entrait à pleines

CHAMBRE DE MADAME RÉCAMIER A L'ABBAYE-AU-BOIS.

voiles dans le port. Puis il fondit en larmes. Les paroles de l'exilée avaient trouvé le chemin de son cœur.

A la chute de l'empire, madame Récamier revint à Paris, où ses anciens amis lui firent un chaleureux accueil. Les réunions dont elle était la reine, reprirent comme par le passé et tout ce qui avait un nom tenait à honneur d'y être admis. Un jour, Wellington, fier de son succès à Waterloo, s'oublia jusqu'à dire chez elle : « Ah ! je l'ai bien battu ! » Aussitôt elle ferma sa porte à celui qui avait infligé à son ennemi, à Napoléon, la plus terrible des défaites. En son cœur, l'amour de la patrie régnait en souverain.

Enfin, à l'âge de soixante-douze ans, le 11 mai 1849, madame Récamier fut enlevée par une attaque de choléra à l'Abbaye-au-Bois où elle s'était retirée. Depuis plusieurs années, elle était devenue aveugle. Les hommages qui avaient accompagné madame Récamier pendant sa longue carrière ne lui manquèrent pas après sa mort. L'Académie de Lyon mit son éloge au concours.

Elle fut toujours douce et aimante, mais ferme vis-à-vis des grands. Elle était toujours prête à rendre service et plusieurs condamnés politiques lui ont dû la vie. Jamais son dévouement ne fit défaut à ses amis et jamais elle ne recula devant aucun effort.

Ce fut une vraie femme du monde et aussi une femme de cœur.

MADAME DE RÉMUSAT

LAIRE-Élisabeth-Jeanne Gravier de Vergennes, qui fut plus tard la comtesse de Rémusat, naquit à Paris, en 1780. Son père, neveu du comte de Vergennes, ministre des affaires étrangères, avait été maître des requêtes et intendant à Auch, lorsqu'il fut attaché en 1789 à l'administration de la ville de Paris. Cinq ans plus tard, il périt sur l'échafaud. Sa veuve, née de Bastard, une femme de beaucoup d'esprit, se retira alors à la campagne, d'abord dans la vallée de Montmorency, puis à Sannois, où elle dirigea l'éducation de ses deux filles, dont la plus jeune devait être la comtesse de Nansouty.

Claire était d'un caractère sérieux, réfléchi. Elle aimait l'étude et cultivait les lettres. Elle apprit même le latin, ce qui, en ce temps-là, était assez rare pour les jeunes filles.

« Sa physionomie, dit Sainte-Beuve, qui a tracé d'elle un portrait très étudié, sa physionomie et la forme de ses traits accusaient un peu fortement peut-être ce sérieux intérieur dans les goûts, qu'il ne faudrait pourtant pas exagérer et qui ne sortait pas des limites de son âge. Sa figure régulière s'animait surtout par l'expression de très beaux yeux noirs ; le reste, sans frapper d'abord, gagnait plutôt à être remarqué, et toute la personne paraissait mieux à mesure qu'on la regardait davantage. Elle observa dès l'enfance cette simplicité de mise à laquelle elle revint toujours dès qu'elle le put, et qui n'était jamais moins qu'une négligence décente. »

Claire de Vergennes n'avait que seize ans, lorsqu'elle épousa le comte de Rémusat (1796), qui vint habiter avec sa belle-mère. Celle-ci était en relations avec madame de Beauharnais ; elle continua ces relations lorsque la veuve du général eut épousé Bonaparte, et ce fut grâce à cette liaison qu'en 1802, M. et madame de Rémusat furent nommés, le mari préfet du palais du premier consul, et sa femme dame du palais de Joséphine.

Madame de Rémusat était alors dans tout l'éclat de sa beauté. Bonaparte la remarqua ; mais comme il aimait à être le premier partout et en toutes choses, il fut bientôt froissé de la supériorité de cette femme qui se permettait de causer, de discuter avec lui, tandis que tout le monde devant son regard baissait les yeux, se troublait. Il se méfia d'elle, devint froid.

Pendant le temps de liberté que lui laissait son service auprès de Joséphine, madame de Rémusat s'adonnait à des compositions littéraires, écrivait des nouvelles, des romans, et notait au jour le jour ce qu'elle voyait à la cour. C'est ainsi que nous est parvenu un manuscrit intitulé *Lettres espagnoles* ou *Un ministre*, où elle peint l'empire qu'elle avait vu de près, et, sous des pseudonymes, la plupart des personnages marquants qu'elle a coudoyés à Saint-Cloud et aux Tuileries. On doit aussi à madame de Rémusat un *Essai sur l'éducation des femmes*, publié par les soins de son fils et dans lequel elle montre de véritables qualités de moraliste et une grande sensibilité.

« Tout l'esprit, tout le but en est dans l'accord de la morale, du sérieux et de la grâce, dit Sainte-Beuve. Une inspiration particulière s'y mêle, on le sent, et en est comme la muse secrète. Il faut être mère pour s'occuper aussi tendrement de ce qui sera après nous. »

Cependant, en 1814, M. de Rémusat et sa femme perdirent leurs emplois et ce ne fut qu'après les Cent-Jours, que M. de Rémusat, rentré en grâce, occupa la préfecture de la Haute-Garonne. Mais il ne resta pas longtemps dans le

Midi d'où il était lui-même originaire (1), et, en 1817, il fut nommé préfet du département du Nord, qu'il administra jusqu'en 1821.

A cette époque madame de Rémusat, dont la santé était depuis longtemps chancelante, succomba après une courte maladie. Elle avait voulu mourir à Paris, où s'étaient écoulées son enfance et sa jeunesse.

M. de Rémusat, qui pendant de longues années avait pu apprécier les qualités de cœur et la brillante intelligence de sa femme, ne lui survécut pas longtemps. Dès la même année, il quitta son poste et, deux ans plus tard (1823), il mourut, laissant un fils qui occupe dans l'histoire une place importante : tour à tour avocat, journaliste, écrivain, ministre, député, il fut l'ami fidèle de M. Thiers dont il partageait les idées et les convictions.

(1) Auguste-Laurent de Rémusat était né en Provence, en 1762.

MADAME DESBORDES-VALMORE

'EST à Douai que naquit, le 20 juin 1786, Marceline-Félicité-Josèphe Desbordes, dans une petite maison dont elle écrivit plus tard : « Je la croyais grande, cette chère maison, l'ayant quittée à sept ans ; depuis, je l'ai revue, et c'est une des plus pauvres de la ville. C'est pourtant ce que j'aime le plus au monde, au fond, de ce beau temps pleuré. Je n'ai vu la paix et le bonheur que là. »

Le père de notre héroïne était peintre en armoiries, aussi lorsqu'éclata la Révolution, son industrie cessa d'alimenter le ménage et la misère s'accrut de mois en mois. Se voyant sans ressources, la femme du peintre se décida à aller jusqu'à la Guadeloupe tenter une démarche qui devait tirer sa famille d'embarras.

Voici en quels termes, madame Desbordes-Valmore raconte cette phase de sa vie :

« Ma mère, impatiente et courageuse, se laissa envahir par l'espérance de rétablir notre maison, en allant en Amérique trouver une parente qui était riche. De ses quatre enfants qui tremblaient de ce voyage, elle n'emmena que moi. Je l'avais bien voulu, mais je n'eus plus de gaieté après ce sacrifice. J'adorais mon père. Les rues, les villes, les ports de mer où il n'était pas, me causaient de l'épouvante; et je me serrais contre les vêtements de ma mère comme dans mon seul asile.

« Arrivée en Amérique, elle trouva sa cousine veuve, chassée par les nègres de son habitation, la colonie révoltée, la fièvre jaune dans toute son horreur. Elle ne supporta pas ce coup !... Son réveil, ce fut de mourir à quarante et un ans. Moi, j'expirais auprès d'elle ; on m'emmena en deuil hors de cette île à demi dépeuplée par la mort, et, de vaisseau en vaisseau, je fus rapportée au milieu de mes parents devenus tout à fait pauvres.

« C'est alors que le théâtre m'offrit, pour eux et pour moi, une porte de refuge. On m'apprit à chanter ; je tâchai de devenir gaie, mais j'étais mieux dans les rôles de mélancolie.

« Je vivais seule par goût. On m'appela au théâtre Feydeau. Tout m'y promettait un brillant avenir ; à seize ans, j'étais sociétaire sans l'avoir demandé ni espéré ; mais ma faible part se réduisait alors à quatre-vingts francs par mois, et je luttais contre une indigence qui n'est pas à décrire.

« Je fus forcée de sacrifier l'avenir au présent, et, dans l'intérêt de mon père, je retournai en province.

« A vingt ans, des peines profondes m'obligèrent à renoncer au théâtre parce que ma voix me faisait pleurer ; mais la musique roulait dans ma tête malade, et une mesure toujours égale arrangeait mes idées, à l'insu de ma réflexion. Je fus forcée de les écrire pour me délivrer de ce frappement fiévreux, et l'on me dit que c'était une élégie. M. Alibert, qui soignait ma santé devenue frêle, me conseilla d'écrire, comme un moyen de guérison. N'en connaissant pas d'autre, j'ai essayé. »

Effectivement, en 1820, madame Desbordes-Valmore abandonna complètement le théâtre pour s'adonner à la littérature. Trois ans avant, elle s'était mariée à un comédien qui se faisait appeler Valmore, mais qui se nommait en réalité Lanchantin. C'était le petit-fils d'un général de division mort pendant la retraite de Moscou.

Malgré tous les efforts du jeune ménage, la pauvreté semblait ne point vouloir l'abandonner. Le dénuement devint si grand que des amis, madame

Récamier en tête, ouvrirent leur bourse ; mais madame Desbordes-Valmore préféra la misère et, fièrement, elle refusa un secours qu'elle considérait comme une aumône. Elle se remit à travailler sans relâche, mais sans que pour cela, sa position fût améliorée.

C'est alors que, sur les sollicitations des mêmes amis qui s'étaient déjà émus du sort de la jeune femme, l'État lui accorda une pension qu'elle ne refusa pas, mais qu'elle hésita longtemps à toucher. Ses sentiments pour les opprimés et les humbles lui faisaient un scrupule d'accepter de l'argent des grands et des puissants. Elle voulait avoir toute sa liberté de parole, et elle craignait d'enchaîner sa plume en recevant de l'aide de ceux dont elle combattait les doctrines.

Le cœur de madame Desbordes-Valmore saignait à la vue des souffrances du peuple. On peut dire d'elle, avec Sainte-Beuve, qu'elle avait reçu de la nature une vocation pour la délivrance et le service des prisonniers. C'est ainsi que, toute petite, dans la vallée de la Scarpe, elle aperçut dans une tourelle un vieux prisonnier qui lui fit des signes. Le même jour, elle partait à pied pour aller à Paris chercher *la liberté* qu'on lui avait dit habiter dans cette ville. Inutile de dire que le soir, des braves gens la ramenèrent à sa famille. En 1834, elle adressa des vers à M. Peyronnet, qui était prisonnier à Ham. A Lyon, elle visitait les détenus politiques enfermés à Perrache; en 1839, elle s'entremit pour obtenir la liberté de Barbès dont elle admirait le caractère.

Cependant, en 1853, une grande douleur vint briser le cœur de madame Desbordes-Valmore. Elle perdit une fille qu'elle aimait tendrement et son deuil dura jusqu'à sa mort. Dès lors, sa correspondance et ses écrits sont empreints d'un voile de tristesse que rien ne devait plus dissiper.

Madame Desbordes-Valmore, qui mourut le 23 juillet 1859, fut un poète dont toutes les célébrités ont chanté la louange. Ses *Élégies*, *les Fleurs*, *Pauvres fleurs*, sont autant de morceaux remplis de charité et de tendresse. Lamartine lui a adressé des stances magnifiques dans lesquelles il énumère les qualités de cœur de madame Desbordes-Valmore :

Une pauvre barque, ô Valmore,
Est l'image de ton destin.
La vague, d'aurore en aurore,
Comme elle te ballotte encore
Sur un océan incertain.

Tu ne bâtis ton nid d'argile
Que sous le toit du passager,
Et, comme l'oiseau, sans asile,
Tu vas, glanant de ville en ville
Les miettes du pain étranger.

Ta voix enseigne avec tristesse
Des airs de fête à tes petits,
Pour qu'attendri de leur faiblesse,
L'oiseleur les épargne et laisse
Grandir leurs plumes dans les nids.

Mais l'oiseau que ta voix imite,
T'a prêté sa plainte et ses chants,
Et plus le vent du Nord agite
La branche où ton malheur s'abrite,
Plus ton âme a des cris touchants!

MADAME COTTIN

E brillantes fêtes ont mis en émoi la petite ville de Tonneins. Les femmes ont préparé leurs plus belles parures, les jeunes filles s'entretiennent de leurs projets de plaisir en même temps que des regrets de leur cœur ; c'est qu'après ces réjouissances, après ce bal splendide, sonnera l'heure du départ pour la plus aimée et la plus douce d'entre elles : Sophie Restaud suivra à Paris celui auquel elle vient d'accorder le titre d'époux.

On était alors en 1793 et Sophie avait dix-sept ans.

Tonneins, étourdi d'abord par la magnificence du mariage, pleure bientôt en songeant à la séparation. Non que nul croie voir s'éloigner avec la jeune fille une femme de talent destinée à remplir la France du bruit de son nom. Loin de là; la modestie de Sophie lui a si bien fait cacher tous les trésors de son esprit, que sa mère elle-même, si tendre et si remplie de sollicitude, la croit à peine une femme ordinaire. Ce que l'on regrette, c'est sa douceur, sa bienveillance pour tous, son inépuisable bonté.

A Paris, madame Cottin habita tout d'abord un somptueux hôtel que son mari, riche banquier, avait meublé avec toutes les recherches du luxe. Lancée dans un monde frivole et léger, elle ne pouvait comprendre, en entendant gronder l'orage révolutionnaire, comment ces hommes conservaient leur insouciante gaieté et comment ces femmes continuaient à danser sur ce volcan. Aussi, préférant les douceurs du foyer domestique, elle abandonne peu à peu les réunions mondaines et, seule, dans son cabinet, elle laisse courir sa plume tout en cachant le secret de son mystérieux travail.

Effrayée du mouvement populaire, madame Cottin ne tarda pas à quitter la France; elle était en Angleterre lorsque fut rendue l'ordonnance qui enjoignait à tout citoyen absent du territoire français d'y rentrer avant un mois sous peine d'être compris parmi les émigrés. M. Cottin n'osa pas sacrifier sa fortune et l'avenir de sa femme à des craintes qui pouvaient ne pas se réaliser; il revint à Paris.

A peine y était-il de retour que son jeune frère fut arrêté. Madame Cottin, obéissant à de tristes pressentiments, insistait sur la nécessité d'une fuite immédiate. Déjà tous les préparatifs étaient faits, lorsqu'un événement inattendu vint anéantir les projets. Une fièvre violente, résultat de ses inquiétudes, obligea M. Cottin à renoncer à la fuite. Le mal augmenta rapidement; les soins les plus tendres, le dévouement le plus persévérant ne purent vaincre la maladie.

Au moment où madame Cottin venait de recevoir le dernier soupir de son mari, les agents du tribunal révolutionnaire se présentaient pour mettre le banquier en arrestation. La jeune femme leur montra le lit funéraire et se retira dans une retraite solitaire non loin de Paris. Elle avait alors vingt ans.

Isolée, et ne voulant pas remplacer le mari auquel elle avait donné toute son affection, la jeune femme se mit à écrire et ce premier travail parut sous le titre de *Claire d'Albe*, dans des circonstances qui méritent d'être racontées.

Un jour, c'était après le 18 Fructidor, un ami, errant et proscrit, vint lui demander asile et cinquante louis pour quitter la France.

Ces cinquante louis, madame Cottin ne les a pas... Mais, elle songe à son manuscrit! Elle en rassemble les feuillets à la hâte, elle court à Paris, se présente chez un éditeur et demande cinquante louis en échange de son œuvre;

l'éditeur accepte et madame Cottin laisse son manuscrit sous la condition expresse que son nom ne sera connu de personne.

On voit quelles précautions madame Cottin prenait déjà contre ce qu'elle appelait le fardeau de la gloire, et aussi à quel mobile elle avait obéi en livrant son œuvre à la publicité. Cependant le nom de l'auteur de *Claire d'Albe* fut bientôt connu de tous, au grand mécontentement de madame Cottin qui publia ensuite *Amélie de Mansfield*, *Mathilde* et *Élisabeth.*

Sa grande réputation n'avait pu faire surmonter la timidité de la jeune femme. La femme célèbre était dans le monde aussi réservée qu'autrefois la jeune fille, et l'on raconte à ce propos qu'un des hommes illustres de l'époque, voulant à tout prix la connaître, avait fait d'actives démarches pour se faire introduire dans une soirée où elle devait se trouver. Il se place près d'elle, et, malgré le déploiement d'un brillant esprit, ne peut en obtenir que quelques réponses insignifiantes.

Le lendemain, un ami du curieux, impatient de connaître le résultat de l'entretien, vient dès le jour levé s'en enquérir.

— Je l'ai vue, lui est-il répondu, mais je ne la connais pas.

Le mot était vrai. Ceux-là seuls qui étaient admis dans son intimité, connaissaient madame Cottin. Pour tout le monde, ses écrits sont restés dénotant une plume alerte dans un style à la fois concis et imagé, une imagination vive et un grand amour du bien.

Madame Cottin se suicida à l'âge de trente-quatre ans, en 1810.

GEORGE SAND

Armandine-Lucile-Aurore Dupin de Francueil, baronne Dudevant, naquit le 16 messidor an XII (5 juillet 1804).

Sa grand'mère était fille du maréchal de Saxe, le vainqueur de Fontenoy; restée veuve du comte de Horn, elle avait épousé en secondes noces M. Dupin de Francueil, receveur général, ce même Francueil dont parle madame d'Épinay dans ses *Lettres* et Rousseau dans ses *Mémoires*.

La comtesse de Horn avait alors trente ans. M. Dupin de Francueil en avait soixante-deux. Malgré cette différence d'âge, leur union fut des plus heureuses.

Malheureusement, M. Dupin mourut après dix ans de mariage. Madame Dupin se consacra dès lors tout entière à l'éducation de son fils unique, Maurice. Elle fut aidée dans cette tâche par un précepteur qu'elle avait choisi, Deschartres, qui devint pour elle et pour Maurice un ami fidèle et dévoué.

Comme son aïeul, le maréchal de Saxe, le jeune homme embrassa la carrière militaire et servit comme officier dans les armées de la république et de l'empire.

A l'âge de vingt-cinq ans il épousa par inclination la fille d'un marchand d'oiseaux, Sophie-Victoire Delaborde. C'était pour le petit-fils du vainqueur de Fontenoy, une mésalliance à laquelle sa mère ne voulait d'abord point consentir et à laquelle elle ne s'habitua jamais qu'avec peine.

C'est de ce mariage que naquit Armandine-Lucile-Aurore, qui devait plus tard illustrer la littérature française sous le nom de George Sand.

L'enfant passa ses premières années à Paris où sa mère habitait un modeste appartement, rue de la Grange-Batelière, tandis que son père, toujours en campagne, n'y faisait que de courtes apparitions. Le meilleur souvenir que la petite Aurore ait gardé plus tard de sa première enfance est celui des heures qu'elle passait à jouer avec sa cousine Clotilde, la fille de sa « tante Lucie », une sœur de sa mère, qui habitait Chaillot où elle l'allait souvent visiter.

Dès qu'elle eut l'âge de comprendre, Aurore se prit d'une passion pour les contes merveilleux dont sa mère lui faisait le récit. Même, elle se mit à en inventer et les racontait d'une façon saisissante.

En 1808, au moment de la campagne d'Espagne, madame Dupin partit avec sa fille pour Madrid, où elle allait rejoindre son mari alors aide de camp de Murat.

Son séjour dura quelques mois, au bout desquels Murat allant prendre possession du trône de Naples, M. Dupin put revenir en France avec sa famille qui venait de s'accroître d'un garçon. Le voyage s'effectua dans de mauvaises conditions; les deux enfants, tombés malades, arrivèrent dans un état de faiblesse extrême, chez leur grand'mère qui les attendait en son château de Nohant en Berri. Le petit garçon y mourut au bout de peu de temps. Quant à Aurore, elle se rétablit et, à partir de ce moment, grâce au bon air de la campagne, sa santé ne fit que se fortifier.

Son père étant mort quelques mois plus tard, à la suite d'une chute de cheval, elle demeura avec sa mère à Nohant où elle eut pour compagne de jeux la nièce d'une femme de chambre de madame Dupin, la petite Ursule que, plus tard, elle devait prendre à son service.

Trois ans se passèrent ainsi pour Aurore. Sa grand'mère s'occupa de son éducation, lui donna les premières leçons de musique, et dès le début reconnut chez l'enfant des dispositions remarquables.

A cinq ans Aurore savait lire et écrire. Ce fut pour elle un grand bonheur que de pouvoir déchiffrer les *Contes* de Perrault et de madame d'Aulnoy, que jusqu'alors elle ne s'était pas lassée de se faire redire par sa mère et sa grand'mère.

Un *Abrégé de mythologie grecque* lui étant aussi tombé entre les mains, elle le lut et le relut, se passionnant pour les dieux et les déesses, et principalement pour les divinités des champs et des bois. Tout cela excitait vivement son imagination, et dans ses rêves elle ne voyait que faunes, nymphes et bacchantes.

Bien que sa grand'mère s'occupât d'elle d'une façon toute spéciale, Aurore avait une préférence pour sa mère. Cependant celle-ci la punissait sévèrement à l'occasion, tandis que l'aïeule, quand elle n'en était pas satisfaite, se contentait de la réprimander avec une fermeté tranquille.

Aurore ne conçut pour elle une affection profonde que quelques années plus tard, quand, ayant atteint l'âge de raison, elle comprit la tendresse passionnée de celle qui mettait tous ses soins à former son cœur et son esprit.

De 1810 à 1814, la famille Dupin passa l'hiver à Paris et l'été à Nohant où, chaque fois, Aurore retrouvait avec joie sa petite amie Ursule, qui partageait avec elle les leçons du précepteur Deschartres.

A Paris, elle prit des leçons de piano et de dessin et refit connaissance avec sa cousine Clotilde, la compagne de jeux de sa première enfance.

Cependant l'hostilité sourde qui n'avait cessé de régner entre madame Dupin et sa belle-fille ayant fini par éclater, la mère d'Aurore dut quitter Nohant, laissant l'enfant à sa grand'mère. Jusqu'en 1817, Aurore demeura en Berri où sa mère ne l'alla voir qu'à de rares intervalles. Dans son jugement d'enfant, elle donnait tous les torts à son aïeule, et plus d'une fois elle médita des projets d'évasion qui jamais ne furent exécutés. La croissance la fatiguait; aussi sa grand'mère lui laissait-elle toute liberté pour courir au grand air dans les champs.

C'était pour la petite fille un bonheur véritable que de partager les jeux des petits paysans auxquels elle contait des histoires sans fin dont son extraordinaire imagination lui fournissait les sujets. Elle se plaisait aussi à faire raconter à ses compagnons rustiques les légendes de leur pays, et, malgré elle, elle en arrivait presque à partager les superstitions des Berrichons.

Cependant, au milieu de tout cela, la pensée de sa mère était toujours présente à son esprit ; elle ne pouvait abandonner l'idée d'aller la rejoindre. Elle en arriva à en vouloir à sa grand'mère et à se mettre en révolte ouverte contre elle, se refusant à écouter ses leçons et celles de Deschartres. Tant et si bien que madame Dupin décida de l'envoyer à Paris, au couvent des Dames Anglaises. Cela, pensait-elle, lui serait extrêmement favorable à tous égards. Elle y apprendrait les « bonnes manières », auxquelles la fréquentation continuelle des petits paysans l'avait rendue absolument réfractaire.

Aurore avait alors treize ans. Entrée aux Dames Anglaises, elle s'accoutuma assez facilement à ce nouveau genre de vie, et contracta des liens durables d'amitié avec quelques-unes de ses compagnes, et aussi avec une des maîtresses de classe, madame Marie Alicia. C'est au couvent des Dames Anglaises qu'elle tenta la première ébauche d'un roman, qu'elle lut à ses amies dont elle obtint à la fois des éloges et des critiques.

Contrairement aux prévisions de sa grand'mère, l'enseignement des « bonnes manières » ne la séduisit guère et elle apportait aussi peu d'attention que possible aux leçons de danse et de maintien données par M. Abraham, ancien professeur de grâces de Marie-Antoinette.

Cela contraria fort la grand'mère d'Aurore. Quant à sa mère, elle se préoccupait peu qu'elle apprît ou non les manières du grand monde. Telle qu'elle était, son enfant lui inspirait une véritable admiration et elle n'avait garde de la réprimander en rien. D'ailleurs elle la voyait alors fort peu.

Il y avait trois ans qu'Aurore était au couvent quand son aïeule l'en retira pour l'emmener avec elle à Nohant. La jeune fille eût bien voulu que sa mère y vint aussi, mais elle s'y refusait absolument. Aurore jouit pleinement du bonheur que lui causa ce retour à la vie libre et au grand air ; elle revit avec

CABINET DE TRAVAIL DE GEORGE-SAND A NOHANT.

joie ses amis du pays. Elle partagea son temps entre l'équitation, l'étude et la musique.

Montée sur sa jument Colette, elle faisait chaque matin une course de quatre heures. C'est à cette époque qu'elle commença à s'habiller en garçon, les jambes enfermées dans des guêtres de cuir, afin de pouvoir chasser à son aise.

Peu de temps après le retour de la jeune fille à Nohant, madame Dupin fut atteinte de paralysie. C'est pendant les longs mois qu'Aurore passa à la soigner avec le plus entier dévouement, qu'elle s'attacha pleinement et entièrement à sa grand'mère. Retenue auprès de la malade, elle passait des heures et des heures à lire et cette période eut une influence énorme sur son développement intellectuel.

Elle dévora successivement les ouvrages les plus divers : Montesquieu, Bossuet, Leibnitz, Chateaubriand, Pascal, Aristote, Montaigne, Locke, Bacon, Mably, Condillac, Dante, Virgile, Shakespeare, Milton, Pope, La Bruyère, etc. Ce fut là sa véritable éducation littéraire et philosophique.

A la fin de 1821, madame Dupin mourut. Une clause de son testament exprimait le désir qu'Aurore ne fût pas laissée à la garde de sa mère. Mais madame Dupin n'en tint pas compte et emmena sa fille à Paris.

En 1822, Aurore épousa le baron Casimir Dudevant. Cette union ne fut pas heureuse, et un jour, la jeune femme, mère de deux enfants, ne dut plus compter pour vivre que sur son travail. Elle essaya de la littérature et signa ses écrits d'un pseudonyme. Elle parvint alors à entrer au *Figaro*, où, en échange d'une besogne aride, elle touchait de bien faibles honoraires.

Tels furent ses débuts dans la carrière où elle devait s'illustrer.

Ce fut au *Figaro* qu'elle rencontra Sandeau, comme elle inconnu et comme elle plein d'avenir, qui l'aida de ses conseils. Ensemble ils écrivirent sous le nom de Sand, un certain nombre de romans. En 1832, parut *Indiana* qui fut un triomphe mérité. Dès lors, avec une inépuisable fécondité, les romans jaillirent de la plume de George Sand, sans que le succès parût se lasser. Elle chantait dans ses œuvres la rustique poésie des paysages de France, les joies et les misères de la campagne, jusqu'alors ignorées. Si certains de ses ouvrages partent d'une idée fausse ou paradoxale, il est toutefois impossible de nier qu'ils soient écrits avec un art et un style qui font pardonner bien des erreurs. Avec quelle vérité elle a peint des mœurs prises sur le vif! avec quelle

STATUE DE GEORGE SAND.

élégance correcte elle a tracé de main de maître l'analyse de ses personnages, la description de ses paysages !

Les Beaux Messieurs de Bois-Doré, *Valvèdre*, *Mademoiselle de La Quintinie*, *la Petite Fadette*, *la Mare au Diable*, *les Compagnons du Tour de France*, *Indiana*, *les Maîtres Sonneurs*, *François le Champi*, les *Lettres*, sont autant de chefs-d'œuvre qu'elle a laissés derrière elle comme un monument du talent le plus énergique et le plus fin qui se puisse trouver. George Sand a exercé sur la génération actuelle une influence que nous n'avons pas à analyser ici, mais que nul ne saurait mettre en doute. Cette femme, justement célèbre par son génie et son éloquence, semble avoir résolu le problème de l'égalité de l'homme et de la femme, au moins quant au talent. On pourrait ajouter que rares sont les hommes qui l'ont surpassée.

George Sand a laissé un fils, né à Paris en 1825, qui, sous le nom de Maurice Sand, s'est fait à côté de la grande réputation de sa mère, une certaine notoriété dans les lettres et dans les arts. Comme littérateur, il a donné quelques romans ; comme artiste, il a illustré les ouvrages de sa mère et a exposé au Salon quelques toiles qui eurent un certain succès. Maurice Sand a aussi abordé le théâtre avec *les Don Juan de village.*

D'une nature évidemment bien organisée au point de vue artistique, le fils n'a cependant été qu'un bien pâle reflet de sa mère, dont on a pu dire avec vérité qu'elle était le talent fait femme.

MADAME ÉMILE DE GIRARDIN

MADEMOISELLE Delphine Gay, qui devait être de bonne heure célèbre, est née au plus beau matin du soleil de l'empire, le 26 janvier 1804, à Aix-la-Chapelle, où son père était receveur général, et elle a été baptisée, dit-on, sur le tombeau de Charlemagne. Enfant, elle fut nourrie au sein du luxe, des élégances, et d'un certain idéal poétique extérieur et militaire que l'empire favorisait. Elle grandissait sous l'œil d'une mère, femme d'esprit, qui eut son heure parmi les plus belles femmes de son temps. La jeune fille, aussi blonde que la mère était brune, n'était pas moins belle qu'elle.

A quinze ans (l'empire avait fait place à la restauration), Delphine fit ses débuts dans le monde ; c'était l'heure de la dévotion de salon, de l'aristocratie la plus fine, de l'élégance et de l'esprit. Ce fut dans ce milieu qu'elle se déploya avec naturel et gaieté. Ce naturel et cette gaieté étaient si connus de ceux qui l'ont approchée que Lamartine disait d'elle : *C'est un bon garçon!*

C'est ainsi qu'elle est restée longtemps dans l'idée de ceux qui l'ont vue. Représentez-vous à une brillante matinée du château de Lormois, chez la duchesse de Maillé, en plein soleil d'été, cette enfant rieuse, avec sa profusion de cheveux blonds et ce luxe de vie qui donne la joie, échappée dans le parc, bondissant et courant, puis rappelée tout à coup, dans le plus élégant des salons, devant le plus recherché des mondes, récitant des vers d'un air grave, avec un front d'inspirée, un profil de muse antique, un timbre de voix sonore, et vous aurez une idée de ce qu'était madame de Girardin, au printemps de sa vie.

Les poètes surtout, Guiraud, de Vigny, Hugo, aimaient alors à prédire à Delphine, comme on l'appelait familièrement, la couronne de l'*Élégie lyrique*.

« Son talent tout jeune, dit un de ses admirateurs, paraissait devoir être un mélange de vigueur masculine avec une sensibilité de femme du monde; plus nerveuse que tendre, plus douloureuse que mélancolique, le tout marchant de concert avec beaucoup d'esprit réel, sans prétention, et se manifestant sous une forme de versification pure, correcte, savante même et assez neuve alors. »

On répétait souvent autour d'elle ce nom de *Corinne* qu'elle invoquait sans cesse :

> Elle chante, et devant son écharpe légère,
> Corinne courberait l'orgueil de son laurier (1).

La *Corinne* de madame de Staël était, en effet, le grand idéal alors pour toute femme célèbre. Mademoiselle Delphine Gay, qui était déjà par son nom de baptême, une sœur de Corinne, voulait plus et mieux; elle voulait égaler en tout cette sœur de génie et rivaliser avec elle, et elle s'y appliqua avec une sincérité visible. Distinguée et couronnée par l'Académie française en 1822, pour avoir chanté le dévouement des sœurs de Sainte-Camille, pendant la peste de Barcelone, mademoiselle Gay ne cessa depuis de célébrer en vers tous les événements publics importants, les solennités patriotiques : la mort du général Foy, le sacre de Charles X, l'insurrection de la Grèce, etc. On la vit un jour, au haut de la coupole du Panthéon, réciter son *Hymne à Sainte-Geneviève*, en l'honneur des peintures de Gros. Dans un voyage qu'elle fit à Rome, en 1827,

(1) Voir la biographie de madame de Staël.

elle fut reçue au Capitole membre de l'Académie du Tibre; ensuite elle fit, comme son modèle Corinne, le pèlerinage du cap Misène.

Tout cela donna prétexte de dire autour d'elle qu'elle était la *Muse de la Patrie*. Quelques pièces de vers publiées par elle, dans ses dernières années, montrent bien qu'elle s'était elle-même laissé bercer de cette idée-là, et il y a des moments où elle parle comme si elle avait réellement manié, dès le berceau, l'épée de Charlemagne. Cependant Delphine ne se plut pas seulement dans le monde de l'épopée et de la chevalerie, elle fit des romans, elle travailla pour le théâtre, pour les journaux, et partout elle eut du succès.

En 1831, Delphine Gay devint madame de Girardin.

Moraliste de salon, madame de Girardin a créé un genre qui est à elle et où elle a excellé du premier jour, et, sous le pseudonyme de vicomte de Launay, elle écrivit des peintures mordantes mais vraies de la société.

« Les ennuyeux, dit-elle, endorment le génie et ne le dénaturent point; mais le monde!... le monde!... il nous rend comme lui-même; il nous poursuit sans cesse de son ironie, il nous atteint au cœur; son incrédulité nous enveloppe, sa frivolité nous dessèche; il jette son regard froid sur notre enthousiasme, et il l'éteint; il pompe nos illusions une à une, et il les disperse; il nous dépouille et, quand il nous voit misérables comme lui, faits à son image, désenchantés, flétris, sans cœur, sans vertus, sans croyances, sans passions et glacés comme lui, alors, il nous lance parmi ses élus, et nous dit avec orgueil : « Vous êtes des nôtres! »

Madame de Girardin comme femme, et là où elle se montre de sa personne, paraît encore supérieure à ce qu'elle a été comme auteur. De l'esprit proprement dit, on n'en a pas plus qu'elle. Dans une soirée, dans un dîner, on ne peut être plus vif, plus amusant, plus inépuisable en mots piquants et en étincelles qu'elle ne le fut. Si elle semblait apporter au début de la conversation quelques-unes de ces plaisanteries préméditées qui faisaient partie de la mode, elle en avait aussi d'autres qui lui venaient à l'improviste et à chaque instant, et ce n'étaient pas les moins bonnes.

Telle qu'elle fut, elle réalisa le type de la femme d'esprit, du cavalier à la mode, de l'écrivain consommé et de la muse. Madame de Girardin mourut le 29 juin 1855, laissant des *Poésies*, des *Élégies*, *Napoline*, *Cléopâtre*, des *Lettres parisiennes* et enfin *la Joie fait peur*, cette comédie si fine et si jolie où, d'un bout à l'autre, le rire étincelle à travers les larmes. Ce fut son dernier adieu au public et il ne contribua pas peu à faire regretter l'écrivain spirituel qu'était madame de Girardin.

Son mari, dont la carrière de journaliste fut si bien remplie, épousa dix-huit mois plus tard mademoiselle Mina de Tieffenbach dont il eut une fille, morte en 1865.

MADAME VIGÉE-LEBRUN

MADAME Vigée-Lebrun fut la plus grande portraitiste française. Elle naquit à Paris le 16 avril 1755.

« Je me souviens, dit-elle dans ses *Mémoires*, qu'à l'âge de sept ou huit ans je dessinai un homme à barbe. Je le fis voir à mon père, qui, transporté de joie, s'écria : « Tu seras peintre, mon enfant, ou jamais il « n'en sera. »

On comprend aisément qu'après un pareil augure, son père la fit travailler selon son goût. L'enfant mit tant d'ardeur à l'étude, qu'à quinze ans elle passait déjà pour un peintre de talent. A cette époque, elle fit un portrait de sa mère qui lui valut les éloges les plus vifs du grand peintre Joseph Vernet. Il voulut même qu'elle se présentât à l'Académie, mais son âge l'empêcha d'être reçue.

A vingt ans, la jeune fille enseignait à son tour et son atelier regorgeait d'élèves. Mais elle était d'un caractère très enjoué et, en dépit des efforts qu'elle faisait pour paraître sévère, elle se laissait souvent aller à rire et à plaisanter avec les jeunes filles qui suivaient ses leçons.

Un beau matin, profitant d'une absence de mademoiselle Vigée, les jeunes folles eurent l'idée d'installer une balançoire dans l'atelier.

« On commença, lisons-nous dans l'*Enfance des femmes célèbres*, par imprimer prudemment à l'appareil un mouvement assez lent, accompagné d'un chant monotone et à mi-voix qui s'accordait avec l'allure modérée de la berceuse. Puis, le courage et l'audace croissant avec l'impunité, les mouvements de la balançoire devinrent plus précipités et s'élevèrent plus haut, tandis que

MADAME VIGÉE-LEBRUN ET SA FILLE.

les chants, les éclats de rire, les cris de joyeux effroi s'accentuaient dans la même progression.

« Enfin, l'exaltation de ces jeunes têtes était à son apogée, quand mademoiselle Vigée, qu'on n'attendait pas, ouvrit la porte tout à coup. Ses jolis yeux sont pleins de colère; elle essaye de rendre sa voix menaçante et commence une amère réprimande.

« Les élèves se sont enfuies chacune à leur place et baissent confusément la tête. La mercuriale n'est pas finie, et mademoiselle Vigée s'est déjà arrêtée au milieu de ses reproches. Un caprice soudain vient de traverser son esprit; tout en parlant, ses yeux se sont arrêtés complaisamment sur le corps du délit.

« Cette balançoire, qui vient de lui donner l'occasion de prononcer un si beau sermon, elle veut l'essayer à son tour. Elle hésite un instant, mais bientôt elle ne peut plus résister au violent désir qu'elle éprouve, et court s'y asseoir. Les élèves, à cette vue, poussent un cri de joie, quittent précipitamment leurs places, et, quelques instants après, leur jeune maîtresse se laissait mollement aller au rythme gracieux de l'escarpolette improvisée. »

Un an après, mademoiselle Vigée se mariait et, en 1779, elle peignait le portrait de Marie-Antoinette. A ce sujet, nous citerons encore M. Michelle qui raconte une anecdote charmante.

« Madame Vigée-Lebrun était sur le point de donner le jour à cette fille qu'elle devait tant reproduire avec elle dans ses propres portraits, quand, par suite de cruelles souffrances, elle se vit obligée de manquer une séance que la reine lui avait accordée.

« Le lendemain, le mal ayant paru se calmer, l'artiste toute honteuse, se présenta au palais pour faire agréer ses excuses. La reine, qui allait sortir, rentra aussitôt dans ses appartements et changea de toilette pour venir poser, ne voulant pas que la jeune femme se fût dérangée inutilement.

« Confuse, madame Vigée-Lebrun, dans sa précipitation et son émotion, vint à renverser ses boîtes et ses pinceaux. La reine se baissa aussitôt et ramassa tout ce qui était tombé, ne voulant pas que l'artiste se baissât. Ce portrait de Marie-Antoinette par madame Vigée-Lebrun fut exposé au Salon de l'année 1787. »

Le 31 mai 1783, à l'âge de vingt-huit ans, madame Lebrun fut reçue à l'Académie. Son salon fut, dès lors, le rendez-vous de tous les gens qui avaient

SALON DE 1787 OU FUT EXPOSÉ LE PORTRAIT DE MARIE-ANTOINETTE PAR MADAME VIGÉE-LEBRUN.

du talent, et comme elle avait une voix très agréable, on faisait chez elle beaucoup de musique. Cependant, aux approches de la Révolution, elle eut peur et se réfugia à Bologne où elle fut reçue membre de l'Académie de cette ville. De là, elle va à Rome où elle fait des portraits restés célèbres, entre autre ceux de Madame Adélaïde et de Madame Victoire de France, de miss Pitt en Hébé. Puis elle visite l'Italie et part ensuite pour l'Autriche qu'elle quitte bientôt pour la Russie, où elle est élue membre de l'Académie de Saint-Pétersbourg. Elle y reste cinq ans, logée par l'impératrice Catherine dans son propre palais. Cependant, les voyages l'attirent de nouveau et elle parcourt l'Allemagne pendant une année; elle passe ensuite la mer et s'installe en Angleterre où elle fait les portraits du prince de Galles et de lord Byron. Enfin elle revient en Suisse où elle séjourne deux autres années; ce fut à cette époque qu'elle peignit madame de Staël.

En 1813, la mort lui ravit son mari, suivi dans la tombe en 1818 par sa fille. Madame Vigée-Lebrun passa ses dernières années à Paris. A quatre-vingts ans, elle faisait encore des portraits, notamment celui de madame de Rivière, sa nièce.

Enfin, le 30 mars 1842, la grande artiste s'éteignit dans sa quatre-vingt-septième année, laissant une œuvre comprenant 662 portraits, 15 tableaux d'histoire et 200 paysages.

« Aux qualités brillantes de la beauté, de l'esprit et du talent, a écrit un maître, madame Vigée-Lebrun joignait la bienveillance et une générosité qui allait jusqu'à la prodigalité. Elle ne savait pas refuser ce qu'on lui demandait; aussi toutes les infortunes se donnaient-elles rendez-vous chez elle. Si, parmi les larmes qu'on venait répandre à ses pieds, il y en avait de sincères, il en était aussi d'autres qui étaient simulées. Et quand, pour la mettre en garde contre ces dernières, on disait à la grande artiste :

— Prenez garde, on vous vole.

— Tant pis pour ceux qui me volent, répondait-elle, et elle ajoutait en souriant : D'ailleurs, comment voulez-vous que je me défie de ces gens qui, au lieu de me menacer de leur détresse, ne parlent que de se tuer eux-mêmes. Si ces gens-là sont des voleurs, il faut convenir qu'ils ont une façon bien attendrissante de voler.

Telle fut l'artiste, et telle fut la femme.

ROSA BONHEUR

AYMOND Bonheur était peintre, peintre de talent, mais n'ayant pas de fortune, il eut le courage de renoncer aux grandes conceptions et aux œuvres qui donnent la célébrité, pour se consacrer tout entier à sa famille dont il était l'unique soutien. Il fit des copies, il donna des lecons, il fit de la décoration et il réussit à faire vivre les siens. C'était pour lui un sacrifice, mais c'était aussi le devoir.

L'artiste s'était marié jeune avec une jeune fille aussi riche que lui, — c'est-à-dire n'ayant rien. — Tous deux avaient des parents valétudinaires et, chaque année, ils voyaient en outre s'augmenter le nombre de leurs enfants.

C'était une lutte de tous les instants contre la misère. Le mari travaillait jour et nuit ; la femme courait le cachet et donnait des leçons de musique. Ce fut au milieu de cette existence dévorante que Rosa vit le jour, — à Bordeaux, — le 23 mars 1822.

Mais le malheur ne se lassait pas d'accabler cette famille, et, au moment où le courage renaissait, madame Bonheur, frappée subitement, mourut.

De ce jour le veuf ne put rester à Bordeaux où tout lui rappelait la morte, et, suivi de ses quatre enfants, il vint à Paris.

Rosa, qui avait alors sept ans, fut mise en apprentissage chez une couturière, mais elle ne put y rester. Son esprit indépendant et la monotonie des travaux d'aiguille lui rendirent insupportable ce genre de vie; sa santé s'en ressentit et son père la reprit.

Mais que faire de quatre petits enfants, lorsqu'il faut gagner son pain à des tâches délicates!

Rosa entra alors dans une petite pension où on l'accueillit gratuitement, c'est-à-dire qu'en échange de la pension de l'enfant, M. Bonheur dut donner aux élèves trois leçons de dessin par semaine.

Malheureusement, Rosa était intraitable. La classe lui était aussi insupportable que l'atelier de couture.

« C'était, dit M. E. de Mirepoix, un petit diable femelle, sans cesse occupé à lutiner ses compagnes et ses maîtres.

« Soit en récréation, soit en classe, mademoiselle Rosa faisait mille et un tours. Elle avait du salpêtre dans les veines. Toutes les espiègleries qui peuvent passer en un mois dans la cervelle de trente collégiens s'organisaient dans la sienne en quelques instants, et n'en étaient que plus pétulantes, plus folles, plus audacieuses.

« Ainsi, par exemple, il lui arrivait de dessiner la caricature du professeur d'anglais, des sous-maîtresses, ou des grandes élèves. Encore n'était-ce là que la moitié de son crime. Rosa découpait avec soin ces dessins grotesques, les attachait au moyen d'un peu de fil à une boulette de papier mâché, puis les envoyait au plafond de la classe, où ils restaient suspendus, balançant leur grimace avec la plus complète irrévérence.

« On juge du tumulte et des éclats de rire.

« Jamais on ne cherchait la coupable. Immédiatement, sans discussion, sans appel, Rosa était condamnée au pain sec.

« Chacun s'accordait à reconnaître ses admirables dispositions pour le dessin, dans cette multitude de *charges* bouffonnes et frappantes de ressemblance; mais, d'un autre côté, Rosa était d'une faiblesse scandaleuse en grammaire, ne mordait pas à l'orthographe, ne savait pas une ligne de géographie ou d'histoire. »

Rien n'avait d'attrait pour Rosa, hormis le dessin. La privait-on de nourriture, vite, elle sortait de sa poche un morceau de fusain et crayonnait sur son assiette restée vide; la mettait-on au cachot, les murs étaient illustrés par elle de mille sujets qu'elle tirait de sa fertile imagination.

Tout cela eût été bien et Rosa ne se serait jamais plainte, si le malheur n'eût voulu que ses compagnes appartinssent toutes à des familles riches. Il arriva que, par une fierté ridicule, Rosa fut traitée par ses camarades comme une sorte de mendiante acceptée par faveur, et le caractère de l'enfant s'aigrit à tel point que le père, en présence des vexations auxquelles il vit sa fille en butte dut la retirer.

Une fois chez son père, Rosa ne s'occupa plus que de dessin, de peinture et de sculpture. Rien autre ne l'intéressait. Puis, peu à peu elle abandonna l'ébauchoir et se consacra tout entière à l'art où elle s'est illustrée. Chaque matin, elle allait au Louvre et elle passait toute la journée à copier les maîtres avec une assiduité et une application qui faisaient l'admiration de tous les visiteurs.

Eufin, elle cessa d'aller au Louvre et suivit les conseils de son père, sous la direction de qui elle travailla encore quatre années. Au bout de ce temps, elle affronta le public et exposa au salon de 1841 deux tableaux : *Chèvres et moutons* et *Deux lapins*.

Rosa avait alors dix-neuf ans.

Son début fut un succès et, de ce jour, sa renommée alla grandissant, et la popularité lui vint sans se faire prier. En même temps l'aisance, et, plus tard, la fortune pénétraient au logis.

« Aucune des œuvres de Rosa Bonheur, dit un de ses biographes, ne connaît ce qu'on nomme *la ficelle*, en jargon de rapin. Tous ses tableaux sont naïvement sentis et scrupuleusement exécutés. La simplicité, chez elle, a mieux réussi que la finesse chez les autres, et les efforts de ce pinceau naït ne déplurent pas à cet enfant gâté que l'on appelle l'opinion. En examinant les tableaux de mademoiselle Bonheur, la foule se trouva surprise de sentir une impression véritable et sérieuse en face de ces grands bœufs blancs ou roux, à l'œil limpide, au mufle chargé d'écume; elle s'émut au spectacle paisible et naturel de ces moutons qui broutent l'herbe savoureuse des prés ou des montagnes; elle se sentit prise d'extase devant ces paysages qui respirent un charme si mélancolique, si rêveur, si rempli de parfums champêtres. »

Rosa Bonheur est de taille moyenne. Ses traits sont réguliers; son front large et beau. Le profil accuse l'énergie et la volonté; les yeux bruns brillent d'un vif éclat. Courant les champs à la recherche d'un sujet, Rosa Bonheur est toujours escortée de deux chiens, ses protecteurs, et pour être mieux à son aise, elle s'habille en homme et porte les cheveux courts. Cependant, à la ville, elle revêt le costume de son sexe.

Pour donner une idée du peu d'importance que Rosa Bonheur accorde à sa toilette, nous citerons une anecdote que nous a racontée un peintre de ses amis.

On devait donner au Théâtre-Français la première représentation d'une pièce curieuse. Quelqu'un propose un fauteuil de balcon à l'artiste. Elle refuse, mais on insiste, et elle finit par accepter. Jusqu'au moment de sortir elle ne songe pas à sa toilette et continue à peindre. L'heure arrive. Une voiture est à la porte ; on lui annonce que tout le monde l'attend.

— C'est bien, dit-elle, me voilà!

Jetant palette et pinceaux, elle campe à la hâte un chapeau sur sa tête et monte en voiture. Les personnes de sa compagnie n'osent pas lui représenter que sa mise est par trop négligée. On arrive au théâtre et chacun s'installe au balcon. Rosa se trouve placée à la gauche d'un monsieur fort élégant que sa toilette effarouche. Ce monsieur la toise de haut en bas ; il se recule avec affectation, sans que notre héroïne distraite comprenne ses airs dédaigneux. Pendant l'entr'acte, il quitte son fauteuil, va trouver l'ouvreuse et lui dit :

— Vous vous êtes trompée sans doute en plaçant dans notre voisinage une femme en savates, à la robe tachée d'huile. C'est intolérable ! Faites-la sortir.

— Impossible, monsieur, répond l'ouvreuse. Je n'ai pas le droit de renvoyer des personnes qui ont payé leur place.

Une discussion s'engage. Laurent, conservateur du théâtre, intervient.

— Qu'est-ce donc? demande-t-il en s'approchant. De quoi se plaint monsieur?

— Je me plains d'être placé au balcon de la Comédie-Française à côté de gens qui, tout à l'heure, vont manger le veau froid en famille!

Le conservateur avance la tête à l'entrée des stalles, reconnaît un de nos peintres les plus célèbres, échange avec lui quelques paroles et revient dans le couloir.

— Votre nom, s'il vous plait? dit-il au monsieur bien mis.

— Que vous importe mon nom?

— Permettez!... Il s'agit d'une offense dont l'administration ne se rendra pas responsable surtout envers la personne dont vous repoussez le voisinage.

— Ah! quelle est donc cette personne si digne d'égards?

— C'est mademoiselle Rosa Bonheur.

Le monsieur se confondit en excuses et quitta le théâtre pour cacher son embarras.

Rosa Bonheur est d'un désintéressement bien connu; elle vient au secours de toutes les infortunes et même, alors qu'elle était pauvre, il lui arriva d'engager au mont-de-piété les médailles qu'elle avait reçues, pour obliger quelque camarade malheureux.

Pour ne citer que deux exemples de sa générosité, nous choisissons entre mille.

Un jour, une artiste, menacée de devenir aveugle, demande une aide au Comité des peintres. Sa requête, apostillée par des maîtres, aboutit à un secours de *dix francs*. Malgré la misère dans laquelle elle se trouve, la malheureuse hésite à accepter cette aumône.

— Refusez, lui dit Rosa Bonheur, à qui elle demande conseil; la dignité de l'art l'exige.

Et, en disant ces mots, elle offre à l'artiste un de ses tableaux qui, mis en loterie, produisit une grosse somme.

Un autre jour, Rosa Bonheur reçut sous enveloppe un billet de banque de cent francs avec ces mots :

Mademoiselle, voilà tout ce dont je puis disposer. Serez-vous assez aimable pour m'accorder en échange un croquis de votre main de la dimension du billet?

Le tout émanait d'un jeune sculpteur épris du talent de l'artiste. Le soir même, il reçut un superbe dessin accompagné d'une lettre dans laquelle il trouva son billet de banque qu'on le priait de garder.

Rosa Bonheur est une des grandes gloires artistiques de la France qui a unanimement applaudi, lorsqu'en 1865 elle a été créée chevalier de la Légion d'honneur.

UNE MATHÉMATICIENNE

SOPHIE GERMAIN

NE des gloires féminines de la science, et de quelle science ! des mathématiques, c'est-à-dire d'un domaine précis mais aride où généralement l'esprit de la femme aime peu à s'ébattre.

Notre mathématicienne, dont le nom est resté attaché à la solution d'un des problèmes les plus difficiles, naquit à Paris le 1er avril 1776 et y mourut le 17 juin 1831.

Sa vocation fut déterminée par un curieux concours de circonstances. Encore enfant (elle n'avait que treize ans !) son esprit fut vivement frappé de l'effervescence révolutionnaire qui se révélait tout autour d'elle, au sein même du salon de son père, qui était membre de l'Assemblée constituante. Son intelligence précoce s'intéressait aux choses de la politique et elle sentait que ses tendances la conduiraient à prendre une part trop active aux événements. Aussi, voulant détourner le cours de ses idées, elle comprit qu'il était nécessaire de chercher quelque pâture à son activité intellectuelle. C'est alors que l'*Histoire des mathématiques* de Montuela lui tomba sous les yeux. Elle y lut la mort d'Archimède, que ni la prise de Syracuse, ni les cris et le glaive levé du soldat qui le menaçait n'avaient pu distraire de ses calculs géométriques. Sophie pensa qu'une science qui avait le don de plonger dans de pareilles méditations était justement le remède qu'elle cherchait pour elle-même, et, dès lors, elle se plongea dans les x sans maître et sans autre guide que quelques volumes trouvés dans la bibliothèque paternelle.

Au bout de peu de temps, son goût devint si prononcé qu'elle se levait la nuit pour travailler, par des froids qui gelaient l'encre dans son écritoire.

Ses parents, inquiets d'un tel excès d'ardeur, essayèrent d'y mettre un frein ; mais tout fut inutile. On lui prenait ses vêtements, elle s'enveloppait dans ses couvertures; on retirait sa lampe, elle travaillait à la lueur d'une bougie.

Ce que voyant, on renonça à la contrarier.

Lorsque l'École polytechnique fut fondée, Sophie réussit à se procurer des cahiers renfermant les cours faits aux élèves. L'*Analyse mathématique*, de Lagrange, attira bientôt toute son attention. Un jour, sous un nom d'emprunt, elle envoya à Lagrange des observations dont elle avait annoté son cours, et le professeur, ayant appris le véritable nom de l'auteur, alla voir la jeune fille et lui témoigna son admiration en termes flatteurs.

Une jeune géomètre était une merveille si rare, que les succès de Sophie Germain s'ébruitèrent bien vite et des savants tinrent à honneur de lui être présentés.

La *Théorie des nombres*, de Legendre, passionna beaucoup Sophie; puis, ce furent les *Recherches mathématiques* de Gauss, qui fournirent un nouveau stimulant à son esprit d'analyse.

Cependant, jusqu'à cette époque, Sophie Germain n'avait rien publié. Une occasion se présenta alors qui la mit encore plus en relief. Un physicien allemand, Chladni, vint à Paris où il fit des expériences curieuses sur les vibrations des lames métalliques. Ces expériences intéressèrent vivement le monde savant et Napoléon voulut en juger par lui-même. Regrettant que ces découvertes ne fussent pas soumises au calcul et condensées en une série de formules, il fit proposer à ce sujet un prix extraordinaire par l'Institut.

Les difficultés de la question découragèrent les géomètres, mais non

Sophie qui envoya un mémoire où elle donnait une équation du mouvement des surfaces élastiques.

La question n'était cependant pas absolument résolue, mais l'équation ayant été trouvée exacte, l'Académie, pour encourager l'auteur anonyme, remit le sujet au concours. Cette fois, Sophie Germain eut une mention honorable, et enfin, à un troisième concours, son mémoire fut couronné (1816).

L'honneur de la découverte des lois des vibrations des surfaces élastiques appartenait donc à une femme, à Sophie Germain. Elle publia sur ses travaux divers ouvrages qui montrent l'esprit d'analyse de leur auteur.

Comme elle l'avait déjà fait sous la Terreur, au moment où éclata la révolution de Juillet, Sophie se réfugia dans son cabinet où elle écrivit son *Mémoire sur la courbure des surfaces.*

Ce fut sa dernière œuvre. Un mal qui ne pardonne guère, — le cancer, — avait déjà fait en elle de terribles ravages. Sophie, qui en voyait les progrès et qui calculait les jours qu'il lui restait à vivre, attendit et supporta la mort avec une rare constance. Les douleurs n'altérèrent pas la douceur de son caractère et, dans l'intervalle des crises, elle mettait le temps à profit et travaillait.

« Sa conversation, a écrit M. Guillaume Libri, portait la marque du génie. Les caractères frappants en étaient un tact sûr pour saisir à l'instant l'idée mère et arriver à la conséquence finale en franchissant les intermédiaires; une plaisanterie dont la forme légère et gracieuse voilait toujours une pensée juste et profonde ; une habitude qui lui venait de la variété de ses études, de rapprochements constants entre l'ordre physique et l'ordre moral, qu'elle disait assujettis aux mêmes lois. Si l'on y ajoute un sentiment continuel de bienveillance qui la faisait s'oublier toujours pour ne songer qu'aux autres, on sentira quel en devait être le charme.

« Cet oubli d'elle-même, elle le portait dans tout; dans la science qu'elle cultivait avec une entière abnégation personnelle, sans songer aux avantages que procurent les succès; s'applaudissant même de voir quelquefois ses idées fécondées par d'autres personnes qui s'en emparaient; disant que peu importe de qui vient une idée mais seulement jusqu'où elle peut aller, et heureuse dès que les siennes portaient leur fruit pour la science, ne lui en donnassent-elles aucun pour la réputation qu'elle dédaignait, et nommant plaisamment la gloire des bourgeois, la petite place que nous occupons dans le cerveau d'autrui.

« Elle le portait aussi, ce caractère noble, dans ses actions toujours marquées au coin de la vertu, qu'elle aimait, disait-elle, comme une vérité géométrique. Car elle ne concevait pas, ajoutait-elle, qu'on pût aimer les idées d'ordre dans un genre sans les aimer dans les autres; et les idées de justice, de vertu, étaient à ses yeux des idées d'ordre que l'esprit devrait adopter, même quand le cœur ne porterait pas à les chérir. »

UNE EXPLORATRICE

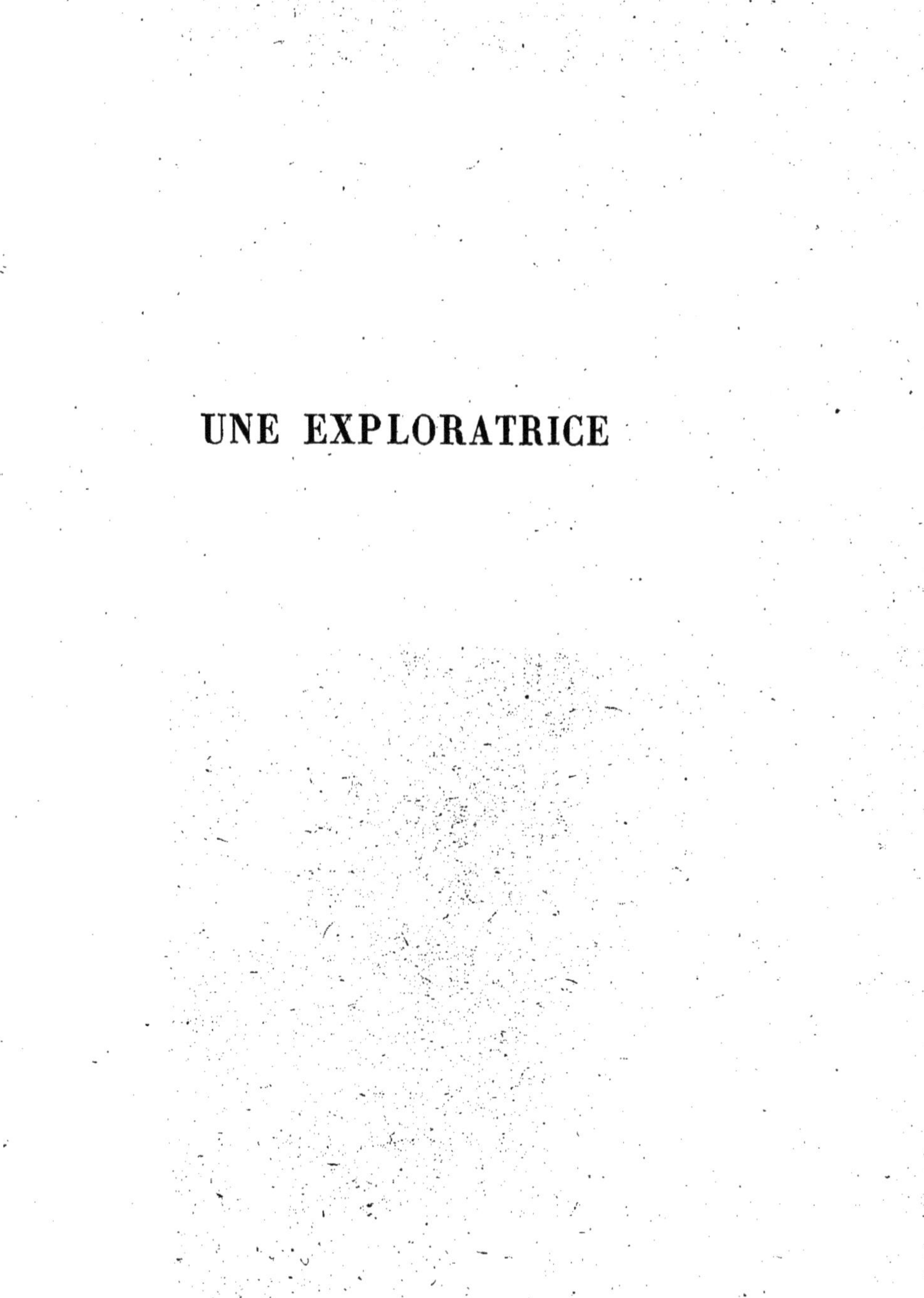

MADAME JANE DIEULAFOY

ADAME Dieulafoy est une Toulousaine. Née en 1856, dans une famille aisée, elle épousa un de ses compatriotes qui partageait son goût pour l'histoire de l'antiquité. A la tranquillité du foyer, aux douceurs du *far niente* que leur assurait leur brillante situation de fortune, les deux époux préférèrent les explorations lointaines, les voyages pénibles. Ils se tracèrent un but auquel ils réussirent à parvenir, malgré des difficultés sans nombre, et à travers des dangers redoutables. Ce but était la reconstitution de l'ancien palais de Darius.

D'autres, avant elle, avaient fouillé le sol de la Grèce, de l'Italie ou de l'Égypte pour en faire sortir ces vestiges qui nous ont appris à connaître l'antiquité; madame Dieulafoy, elle, rêvait d'ajouter à notre trésor un joyau de plus et ce joyau elle se préparait à l'aller chercher bien loin, dans des contrées peu hospitalières et presque inconnues, en Perse et en Susiane.

L'exécution d'un pareil projet exige des préparatifs importants. Il fallut tout d'abord songer à réunir les documents de nature à faciliter les recherches; puis il fallut apprendre la langue persane afin de pouvoir se passer d'interprètes et se créer des relations faciles dans le pays; enfin, il était nécessaire de se protéger contre les maraudeurs et les brigands qui infestent la contrée. Pour cela, il n'y avait que deux moyens : organiser une expédition armée, du genre de celle de Stanley en Afrique, ou bien se placer sous la protection du gouvernement et se fier à ses propres forces pour parer à l'imprévu.

Ce fut ce dernier parti que prit madame Dieulafoy. Elle sollicita une

MADAME DIEULAFOY.

mission officielle qui lui permît de voyager sous l'ombre protectrice du drapeau français, et, ayant obtenu en outre quelques subsides, elle se mit en route, accompagnée de son mari.

Dans un livre très détaillé, madame Dieulafoy a raconté ce que furent les trois voyages que nécessita son entreprise. Elle dépeint ses nuits passées sous la tente pendant la saison des pluies, les attaques dont l'expédition fut l'objet,

SALLE DU MUSÉE DIEULAFOY AU LOUVRE.

les fièvres et les brigands qu'il fallut combattre, les mutineries des ouvriers employés aux fouilles et la rapacité des fonctionnaires indigènes qui prétendaient s'approprier les trouvailles.

Cependant, tous ces dangers, madame Dieulafoy et son mari surent les conjurer, non sans avoir risqué maintes fois leur vie. Enfin, en 1886, le succès de la mission fut complet et 300 caisses pesant 60 000 kilogrammes arrivèrent à Paris. Il y avait là des fragments de murailles, des briques enduites d'un émail magnifique, des lions, des archers et des bœufs de pierre et toutes sortes de reliques d'un art vieux de deux mille quatre cents ans !

Cet envoi est maintenant soigneusement classé dans une salle du Louvre où il constitue un précieux document pour l'histoire de l'art.

Au cours de ses voyages, madame Dieulafoy, autant pour éviter la curiosité que par commodité, avait adopté le costume masculin qu'elle n'a pas cessé de porter depuis. A la boutonnière de sa redingote, on voit le ruban rouge que le gouvernement lui a conféré en reconnaisance de ses services. C'est là une croix bien placée, sur cette poitrine de femme qu'une énergie indomptable et un courage à toute épreuve ont seuls préservée, au milieu des dangers de sa vie d'explorations.

TABLE DES MATIÈRES

LES FEMMES DE LETTRES ET LES ARTISTES.

UNE MATHÉMATICIENNE.

UNE EXPLORATRICE.

TABLE DES GRAVURES

Corbeil. — Imprimerie Éd. Crété.

www.ingramcontent.com/pod-product-compliance
Ingram Content Group UK Ltd.
Pitfield, Milton Keynes, MK11 3LW, UK
UKHW020317230726
13925UKWH00002B/478

9 782013 504720